Die vier Evangelisten

INHALT

 – 2. Auflage 1982
Umschlag: Dieter Kani, Stuttgart
Die Abbildungen der vier Evangelisten entstammen dem Hitda-Codex der Hessischen Landes- und Hochschulbibliothek, Darmstadt.
Der Abdruck erfolgt mit freundlicher Genehmigung.
Druck: Paul Schürrle, Stuttgart
Buchbinderarbeiten:
Ernst Riethmüller, Stuttgart

ISBN 3-7797-0285-1

HELMUT LAMPARTER

Die vier Evangelisten

Ihre Eigenart und ihr Vermächtnis

VERLAG JUNGE GEMEINDE · STUTTGART

VORWORT

Jesus von Nazareth, in dem seine ersten Jünger den Christus – den Messias – den Sohn des lebendigen Gottes erkannt haben, hat keine ›Gesammelten Werke‹ hinterlassen wie andere große Lehrmeister, die in der Geistes- und Religionsgeschichte Rang und Namen haben. Wir wissen von ihm, von seinem Leben und Wirken, von seiner Botschaft und Geschichte nur durch die Aufzeichnungen, welche uns die vier ›Evangelisten‹ hinterlassen haben. Gegründet auf das Zeugnis der Apostel, berufen und erleuchtet vom Heiligen Geist, haben sie – jeder auf seine Weise – ihren Bericht über Jesus von Nazareth, sein Leben und Leiden, seine Predigt und seine Machttaten, sein Sterben und seine Auferweckung aus Tod und Grab verfaßt.

Welche Quellen waren es, auf die sie sich bei dieser Berichterstattung gestützt haben? Worin unterscheiden sich ihre Berichte? Was war jedem dieser Zeugen Jesu Christi besonders wichtig? Was für einen Leser- und Hörerkreis hat er im Auge gehabt? Zu welchen Einsichten und Ergebnissen ist die Forschung im Blick auf diese Fragen gelangt?

Wer immer sein Neues Testament nicht nur zur eigenen Erbauung liest, wer seinen Glauben an Jesus Christus vertreten und bezeugen möchte, sollte darüber Bescheid wissen. Dieses Büchlein über die vier Evangelisten will dazu eine Hilfe sein.

Dr. Helmut Lamparter

DER EVANGELIST

Matthäus

Es ist gewiß nicht zufällig, daß unter den vier Berichten über Jesus von Nazareth, die wir im Neuen Testament besitzen, das *„Evangelium nach Matthäus"* an erster Stelle steht. Dahinter steht ein Werturteil: In der alten christlichen Kirche wurde gerade dieses Evangelium besonders hochgeschätzt. In besonders ursprünglicher und eindringlicher Weise hat dieser Evangelist die Verkündigung Jesu weitergegeben und in seinem Evangelium zu Gehör gebracht. Denken wir nur an die Bergpredigt (Kap. 5–7), die sieben Gleichnisse vom Himmelreich (Kap. 13), das Gleichnis vom Schalksknecht (18, 21 ff.) oder von den zehn Jungfrauen (25, 1 ff.), an den sogenannten Tauf- und Missionsbefehl, der den majestätischen Abschluß des Evangeliums bildet (28, 18 ff.) und seit alters bei jeder Taufe verlesen wird, oder auch an Bachs Matthäuspassion – schon diese wenigen Beispiele machen deutlich, wie maßgeblich auch unser eigenes Christusbild durch dieses Evangelium bestimmt ist.

Wohl geht es in allen vier Evangelien um denselben Herrn, um *dieselbe Botschaft,* die weder von Matthäus noch von Lukas oder einem der andern Christuszeugen des Neuen Testaments erfunden wurde. Die Freuden- und Siegesbotschaft von Jesus Christus hat ja kein anderer als der ewige, lebendige Gott selbst in die Welt gebracht (vgl. Röm. 16, 25). Trotzdem sind die vier Berichte, die von dem irdischen Weg Jesu, seinen Reden und Taten, seinem Leiden, Sterben und Auferstehen Kunde geben, recht verschieden ausgefallen. Nicht nur, daß sich jeder der Evangelisten auf ganz bestimmte Überlieferungen stützte, die – in mündlicher oder schriftlicher Gestalt – gerade ihm zur Verfügung standen; auch die Herkunft des Verfassers, seine persönliche Glaubenserfahrung und Lebensführung, sein geschichtlicher Standort, seine Art zu denken und zu schreiben, nicht zuletzt der Leserkreis, den er bei seinem Bericht im Auge hatte, dies alles hat die Eigenart „seines" Evangeliums mitbestimmt.

Es ist ein großer Gewinn, daß die alte Kirche, als sie den Kanon des Neuen Testaments feststellte, der Versuchung widerstanden hat, diese Besonderheiten der Evangelien abzuschleifen oder sie in einer „Evangelien-Harmonie“ untergehen zu lassen. Gerade in ihrer unverwechselbaren *Eigenart* sind uns diese vier Berichte besonders lieb und kostbar. Wird doch hier sichtbar, wie sehr dem Heiligen Geist, der in der frühen Christenheit seine Gaben ausgeteilt und die ersten Zeugen erleuchtet hat, jede langweilige Monotonie zuwider ist. Wie alle biblischen Zeugen hat er auch die Evangelisten in ihrer persönlichen Eigenart, mit ihren besonderen Erfahrungen, Gaben und Anliegen, in seinen Dienst genommen. Es wäre töricht, wenn wir uns daran stoßen wollten. Nirgendwo leistet ja die Bibel selbst der Meinung Vorschub, als ob sie durch ein wörtliches Diktat des Heiligen Geistes entstanden wäre, wobei den Menschen, die da zu uns reden, nur die Rolle eines „Federhalters“ zugefallen wäre. Sowohl in der Anordnung wie in der Auswahl des Stoffes, in der Darbietung wie in der Deutung des Geschehens geht jeder der Evangelisten seinen eigenen Weg. Das gilt auch von dem Bericht, für welchen unser Neues Testament den Apostel Matthäus als Gewährsmann nennt.

Es ist eine lohnende und reizvolle Aufgabe, sich die Eigenart eines jeden „Evangeliums“ bewußt zu machen. Dabei ist vornweg zu bedenken, daß wir es in keinem Falle mit einem biographischen Bericht über das Leben Jesu zu tun haben, der aus der kühlen Distanz eines um größtmögliche Objektivität bemühten Geschichtsschreibers verfaßt wäre. Glaubenszeugnisse hat man die Evangelien genannt, und dies mit Recht. Nicht als ob sich hier der Glaube des Verfassers oder der Gemeinde, in der er seine geistliche Heimat hatte, schöpferisch betätigt hätte, ohne viel darnach zu fragen, wer Jesus von Nazareth wirklich war, was er gesagt und getan, gefordert und gelitten hat. Ein Evangelium ist ein *Bericht*, kein Phantasieprodukt.

Aber dieser Bericht stammt von einem Menschen, der dem, was er erzählt, nicht als neutraler Beobachter gegenübersteht, dem vielmehr die Botschaft selbst das Herz abgewonnen hat, der selbst an Jesus Christus glaubt und sich als Glied seines Leibes mit ihm verbunden weiß. So steht auch hinter diesem Matthäus-Bericht eine Glaubensüberzeugung, die Überzeugung nämlich, daß Jesus von Nazareth durch Gott selbst als der wahre Christus Israels durch Machttaten, Wunder und Zeichen ausgewiesen und durch seine Auferweckung aus dem Tode herrlich und vollgültig bestätigt wurde (vgl. Apg. 2, 22–24). Von diesem Herrn kann man gar nicht erzählen wie von irgendeiner geschichtlichen Persönlichkeit, die nur im Andenken ihrer Verehrer weiterlebt. Jesus lebt und regiert, zur Rechten Gottes erhöht (vgl. 26, 64) und wird wiederkommen in Herrlichkeit (vgl. 25, 31). Erfüllt von dieser Gewißheit hat der Evangelist seinen Bericht verfaßt, und deshalb ist daraus nicht nur eine „Lebensbeschreibung" Jesu geworden, vielmehr ein *Zeugnis* für Jesus Christus, das jeden Leser bzw. Hörer dahin bringen möchte, daß auch er diesem Herrn durch den Glauben gehorsam werde.

Zur Person des Evangelisten

Der Bericht selbst nennt seinen Verfasser nicht; die Überschrift „Das Evangelium nach Matthäus" wurde erst später hinzugefügt. Sie geht jedoch auf eine sehr alte, ehrwürdige Überlieferung zurück. So finden wir bei Irenäus, Origenes und Euseb (2./3. Jahrh. n. Chr.) die Nachricht, daß der Apostel Matthäus den Hebräern in ihrer Sprache eine Evangelienschrift geschenkt habe. Das früheste Zeugnis dafür, daß der Jesus-Jünger *Matthäus* hinter diesem Bericht steht, ist die Notiz des Bischofs Papias von Hierapolis (um 130 n. Chr.). „Matthäus stellte in hebräischer Sprache die Logien (Sprüche) zusammen; es übersetzte sie aber jeder, wie er vermochte." Da das hebräische Wort für Logien (Herrn-Worte) auch „Geschichten" bedeuten kann, darf man annehmen, daß in dieser Niederschrift des Matthäus beides, Worte und Taten Jesu, festgehalten wurden. Um das Jahr 130, als Papias diese Bemerkung niederschrieb, war das Evangelium, das für uns heute mit dem Namen des Matthäus verbunden ist, längst im festen kirchlichen Gebrauch. Es ist also anzunehmen, daß Papias eine hebräische (bzw. aramäische) Urschrift dieses Evangeliums im Auge hatte. Wer dieselbe ins Griechische übersetzte, wissen wir nicht; vermutlich wurde diese Übersetzung von einem Jünger aus der „Schule des Matthäus" (O. Michel) besorgt. Strittig bleibt auch die Frage, ob und in welchem Umfang die Urschrift des Matthäus durch andere Stücke aus der mündlichen und schriftlichen Tradition hernach ergänzt bzw. erweitert wurde. Die auffälligen Übereinstimmungen des Matthäus- und Lukasberichts erklären sich am besten durch die Annahme, daß beide das Evangelium des Markus als Quelle mitbenützten. Aber es tut nicht not, dieser Frage, wie das merkwürdige Verhältnis von Übereinstimmung und Abweichung zwischen Matthäus, Markus und Lukas zu erklären ist, jetzt weiter nachzudenken. Jedenfalls besteht kein Grund, der Nachricht zu mißtrauen, daß hinter diesem ersten Evangelium in unserem Neuen Testament Matthäus, der Jünger Jesu, als Gewährsmann steht. Gerade weil dieser Matthäus nicht zum engsten Jüngerkreis (Petrus, Jakobus, Johannes) gehörte und in den Evangelien selbst nur selten erwähnt wird, ist anzunehmen, daß jene Notiz bei dem Bischof Papias nicht aus der Luft gegriffen ist, vielmehr auf einer zuverlässigen geschichtlichen Erinnerung beruht.

Zweimal wird in unserem Evangelium dieser Jünger Jesu namentlich erwähnt: Kap. 9, 9 und Kap. 10, 3. Sein *Name* geht auf das aramäische Mattai bzw. das hebräische Mattanja (d. h. Geschenk Gottes) zurück. Eigenartig ist, daß an derselben Stelle im Markusevangelium „Levi, der

Sohn des Alphäus" genannt wird. Die einfachste Erklärung dafür ist, daß Levi nur als ein Hinweis auf die levitische Abstammung dieses Apostels zu verstehen ist. Sein eigentlicher Name, Matthäus, hat sich dann in der christlichen Gemeinde nach ihrer Trennung vom israelitischen Kultverband durchgesetzt. Über die Herkunft des Matthäus erfahren wir, daß er vor seiner Berufung in den Jüngerkreis *Zöllner* war. Also einer von denen, die im Dienst der verhaßten römischen Besatzungsmacht ihr Geld verdienten, die im Verruf standen, auf unlautere Weise schnell reich zu werden und die eben deshalb von allen Frommen in Israel gemieden und verachtet wurden. Ein Zöllner hatte nach den gültigen Maßstäben jener Zeit keinen Anteil mehr an Gottes Volk und Reich. Die Tatsache, daß Jesus diesen Zöllner in den Apostelkreis berief, zeigt, wie er seinen messianischen Beruf verstand: Zur Rettung der Sünder weiß er sich gesandt (vgl. 1. Tim. 1, 15). Die *Berufung* selbst ist erstaunlich knapp erzählt: „Und da Jesus von dannen ging, sah er einen Menschen am Zoll sitzen, der hieß Matthäus, und sprach zu ihm: Folge mir! Und er stand auf und folgte ihm" (9, 9). Kürzer und vielsagender zugleich hat wohl niemand in der Christenheit seine Bekehrung erzählt. Mit keiner Silbe wird geschildert, was in dem Herzen dieses Zöllners vorging, als er Jesu Ruf vernahm. Um so mächtiger kehrt der Bericht Jesu Befehlsgewalt hervor, der sich der Gerufene ohne Wenn und Aber unterstellte. Matthäus, fortan einer der Zwölfe, die die Kerntruppe des neuen Gottesvolkes bilden sollten, das der Christus einberief, hat in der Stunde seiner Berufung das Neue, das Jesus brachte, am eigenen Leib erlebt. Er weiß aus eigener Erfahrung, daß die Nachfolge Christi einen Bruch mit dem bisherigen Leben und Wesen bedeutet, daß – mit den Worten Dietrich Bonhoeffers zu reden – „nur der Gehorsame glaubt und nur der Glaubende gehorcht". Ob zwischen dieser Grunderfahrung des Matthäus, die seinem eigenen Leben eine so ungeahnte Wendung gab, und der Art und Weise, wie er in seinem Bericht von Jesu Person, Botschaft und Werk die Akzente setzt, nicht ein innerer Zusammenhang besteht? Jesus predigt „mit Vollmacht und nicht wie die Schriftgelehrten", so hören wir am Schluß der Bergpredigt (7, 29). Mit messianischer Befehlsgewalt tut er seine Wundertaten (vgl. 8, 8 ff.). Mit der Begründung, daß ihm „alle Gewalt im Himmel und auf Erden" gegeben sei (28, 18), sendet er seine Boten aus. Dem entspricht, daß seine Verkündigung Jesu dem Matthäusbericht zufolge ein Ruf zur Entscheidung ist (vgl. 7, 13 f.) und auf den völligen Gehorsam zielt (vgl. 7, 21; 21, 28 ff.).

Für wen schreibt Matthäus?

Wie die Briefe, die wir schreiben, je nach der Adresse verschieden ausfallen, so verhält es sich auch bei den vier Evangelien. Der Leserkreis, an den die Evangelisten sich wenden, hat ihre Berichte nachweislich beeinflußt. Während Markus sich an Heiden bzw. Heidenchristen wandte, hat Matthäus ganz deutlich Juden und Christen aus Israel, sogenannte *Judenchristen*, im Auge. Dies ergibt sich aus folgenden Beobachtungen: Er führt den Stammbaum Jesu nicht auf Adam, sondern nur bis auf Abraham zurück (1, 1) und zwar so, daß dabei die gesamte davidische Königslinie zur Sprache kommt und Jesus als der „Sohn Davids" eingeführt wird. Auch im weiteren Verlauf der Darstellung greift der Evangelist oft und gern auf alttestamentliche Schriftstellen zurück und stellt auf diese Weise die Geschichte Jesu in den Bund Gottes mit Israel hinein. Wie ein roter Faden zieht sich die immer wiederkehrende Bemerkung „auf daß erfüllt würde, was geschrieben steht" durch das ganze Evangelium (vgl. 1, 22; 2, 15; 2, 17; 2, 23; 4, 14; 8, 17; 12, 17; 13, 35; 21, 4; 27, 9 u. ö). Die Stellung Jesu zum Gesetz wird besonders ausführlich dargelegt (vgl. 5, 17 f); desgleichen nimmt die Auseinandersetzung Jesu mit dem jüdischen Lehrstand einen breiten Raum ein. Als einziger bringt Matthäus die Kampfrede Jesu wider die Pharisäer und Schriftgelehrten (Kap. 23). Jüdische Gebräuche, die Markus seinen Lesern erklärt, setzt Matthäus als bekannt voraus (vgl. zum Beispiel Matth. 15, 1 f. mit Mark. 7, 2 ff.). Endlich legt Matthäus besonderes Gewicht auf die Feststellung, daß sich Jesus während seiner irdischen Wirksamkeit an das Volk Israel gebunden wußte (vgl. 10, 5 ff; 15, 24). Erst nach der Auferstehung sendet der Erhöhte seine Boten mit dem Tauf- und Missionsbefehl zu allen Völkern der Erde aus (28, 19 f.). All diese Beobachtungen weisen darauf hin, daß dieser Bericht für solche Leute geschrieben wurde, die ihrer Abstammung nach zu dem Volk Israel gehörten und in den Schriften des Alten Testaments bewandert waren. Ihnen will der Evangelist bezeugen, daß der Messias (griechisch: der Christus), den Gott seinem Volk durch den Mund der Propheten verheißen hat, gekommen ist und Jesus heißt. Wiewohl ihn die Judenschaft aufs Ganze gesehen verkannt und verworfen hat, ist dieser Jesus von Nazareth dennoch der rechtmäßige König Israels, den Gott mit seinem Geist gesalbt und durch die Auferweckung aus Tod und Grab machtvoll bestätigt hat. Man kann die Frage stellen, ob der Evangelist durch seinen Bericht nur die Judenchristen, die ja ihrem eigenen Volk gegenüber einen schweren Stand hatten, im Glauben befestigen oder darüber hinaus auch unter den Juden, die an der Verwerfung Jesu festhielten, etliche für den Glauben an den Gekreuzigten und Auferstandenen gewinnen wollte. Es tut nicht not, hier ein Entweder-Oder auszusprechen. Auch wenn sich der Evangelist in erster Linie an die judenchristliche Gemeinde in der Diaspora gewandt hat, hat sein „Evangelium" doch zugleich ein missionarisches Ziel. Gab es doch in der ersten Christenheit keinen Christenstand, in den die Zeugnispflicht und der Botendienst fürs Evangelium nicht miteingeschlossen war.

Freilich, diese Botschaft, daß Jesus der König Israels und der Erfüller der alttestamentlichen Verheißung sei, ist nicht nur zu Lebzeiten Jesu, sondern auch nach seiner Auferstehung im jüdischen Volk auf erbitterte Ablehnung gestoßen. Infolgedessen kam es zum Bruch zwischen dem jüdischen Kultverband und der Gemeinde der Jesus-Jünger, die man in der Stadt Antiochia erstmals „Christen" nannte (vgl. Apostelgeschichte 11, 26). In dem Bericht des Matthäus, der die Zerstörung Jerusalems im Jahr 70 n. Chr. deutlich voraussetzt (vgl. die Anspielung auf die Belagerung und Zerstörung der heiligen Stadt durch die Römer in Kap. 22, 7) und etwa um das Jahr 80 n. Chr. geschrieben sein dürfte, spiegelt sich dieser schmerzhafte *Bruch* besonders deutlich. Mit schonungsloser Schärfe wird aufgedeckt, wie Israel seinen König verwirft und auf seiner Hinrichtung am „Fluchholz" (vgl. 26, 57 ff.; 27, 22 ff.) besteht. Diese Verwerfung nimmt insofern nicht wunder, als es den Boten, die Gott vormals seinem Volk gesandt hat, nicht anders ergangen ist (vgl. 5, 12; 23, 24 ff.). Das Neue, wahrhaft Furchtbare ist nur dies, daß in der Person Jesu nicht nur einer der Knechte Gottes, ein Prophet, vielmehr Gottes eigener, einziger Sohn verworfen wird (vgl. 21, 37 ff.). Damit, daß Israel ihn, den König des Gottesreichs, von sich stößt und durch die Hand des Pilatus ans Kreuz heftet, hat es seinen Ungehorsam wider Gott auf die Spitze getrieben. Mit keiner Silbe hat der Evangelist diesen Tatbestand entschuldigt oder beschönigt (vgl. dagegen Luk. 23, 34). Man spürt vielmehr zwischen den Zeilen, daß die Erfahrung feindseliger Ablehnung des Evangeliums in den jüdischen Synagogen die Art und Weise, wie Matthäus den Konflikt Jesu mit Israel schildert, mitbestimmt. Dies gilt besonders von den Weherufen, die der Evangelist in Kap. 23 zusammenstellt.

Trotzdem wäre seine Absicht verkannt, wenn wir aus seinem Bericht den Ton bitterer, fruchtloser Anklage gegen Israel heraushören wollten. Denn einmal setzt gerade diese

Verwerfung Jesu seine *Treue zu Israel* erst recht ins Licht. Anstatt sich zu den Heiden zu wenden, zieht er, zum Leiden bereit, nach Jerusalem hinauf und führt durch den Einzug in Jerusalem, der eine öffentliche Proklamation seiner messianischen Sendung darstellt (vgl. Sacharja 9, 9), selbst den letzten, tödlichen Konflikt herbei. Zu den „verlorenen Schafen aus dem Hause Israel" weiß er sich gesandt, und so hält er Israel die Treue bis ans Kreuz, ganz zum Dienen, zur Schuldübernahme, zur Hingabe des Lebens bereit (vgl. 20, 28). Zum andern gibt uns Matthäus zu verstehen, daß gerade diese Verwerfung Jesu durch die Judenschaft nach Gottes überlegenem Rat eine positive Frucht und Wirkung hat. Nun dringt die Botschaft vom Reich (9, 35) über die im Alten Bund gesteckten Grenzen hinaus, indem sie den *Heiden* verkündigt wird. Alle Völker umfaßt nun der Boten- und Zeugendienst derer, die ihm nachfolgen: „Ihr seid das Salz der Erde, ihr seid das Licht der Welt" (5, 13 f). Auch diese Erfahrung der ersten Christenheit, daß nun die Heiden an Jesus, den Christus Israels, glauben, hat den Bericht des Matthäus spürbar mitgestaltet. Denken wir nur an jene Magier (von der Legende in „Könige" umgedichtet!), die aus dem chaldäischen Kulturkreis kommen und dem neugeborenen König der Juden huldigen, zu einem Zeichen, wie aus Letzten Erste werden (2, 1 ff.)! Nehmen wir den Hauptmann zu Kapernaum, dessen Glauben Israel beschämt (8, 10), und jene Frau aus Syrophönizien hinzu, die Jesus selbst durch ihren Glauben überwindet (15, 28), so wird hier eine durchlaufende Linie sichtbar, die bereits im Stammbaum Jesu beginnt (Rahab, Ruth, die Frau des Uria) und im Bekenntnis des römischen Hauptmanns und seiner Wachmannschaft unter Jesu Kreuz gipfelt: „Wahrlich, dieser ist Gottes Sohn gewesen" (27, 54). Die Heiden gewinnen durch den Glauben an den verworfenen König Israels Anteil an Gottes Reich.

Nun verstehen wir, welches *Ziel* dem Evangelisten bei seinem Bericht vor Augen stand. Er will seinen Glaubensgenossen, die aus Israel herkommen, dazu helfen, daß sie sich durch die schwere Anfechtung, die Jesu Verwerfung durch die Juden für sie bedeuten mußte, nicht umwerfen lassen, vielmehr den Glauben festhalten: Jesus ist der Christus, zu dem sich Gott bekannt hat und bekennt. Denn die Tatsache, daß ihm die Judenschaft den Glauben verweigert, ist keine Widerlegung seiner Sendung. Im Gegenteil! Sie mußte und muß dazu dienen, daß nun das neue Gottesvolk aus Israel und den Heiden gesammelt wird (vgl. 16, 18; 1. Petr. 2, 9 f.). Daraus folgt, daß dieser Evangelist auch uns, die wir der heidenchristlichen Kirche zugehören, bleibend Wichtiges zu sagen hat. Er erinnert uns und die ganze Christenheit daran, wie eng das Evangelium vom Ursprung her mit dem Gottesbund, den der Gott der Patriarchen und Propheten mit Israel geschlossen hat, verflochten ist. Der „König der Juden" (27, 37) ist das Licht aller Heiden, der Retter der Welt. Aus dem „Fall Israel" ist uns, den Heiden, das Heil widerfahren (vgl. Röm. 11, 12). Was es mit diesem Heil für eine Bewandtnis hat, wird also nur dann recht begriffen, wenn wir die Schriften Israels, das Alte Testament, studieren, die durch die Person und das Werk Jesu zur erfüllten Schrift geworden sind. Zugleich aber stellt uns dieser Bericht des Matthäus vor die ernste Frage, ob wir Heidenchristen das Bekenntnis jenes Hauptmanns: „Wahrlich, dieser ist Gottes Sohn gewesen" (27, 54) wirklich bejahen und mit standhafter Gewißheit festhalten. Daß dies geschehe, dazu ist uns dieses Evangelium des Matthäus anvertraut.

Die Botschaft vom Reich

„Und Jesus ging umher in alle Städte und Dörfer, lehrte in ihren Synagogen und predigte das Evangelium von dem Reich und heilte alle Krankheit und alle Gebrechen" (9, 35). So lesen wir in einem jener knappen Sammelberichte, aus denen hervorgeht, daß unsere Evangelisten nur Ausschnitte geben wollen, was Jesu Weg und Werk betrifft. Klar und deutlich ist hier das Thema des Evangeliums genannt: es geht um die Freuden- und Siegesbotschaft vom *Reich* („basileia") das heißt von der Königsherrschaft Gottes, ihrem Anbruch und Durchbruch und ihrer endgeschichtlichen Vollendung. Mit der Ankündigung, daß das „Himmelreich" nahe herbeigekommen ist, beginnt und begründet Johannes der Täufer seinen Bußruf an Israel (3, 1 f). Mit dem Himmelreich ist das Gottesreich gemeint; der Ausdruck erklärt sich bekanntlich daraus, daß man im Spätjudentum aus frommer Scheu vor der Heiligkeit des Gottesnamens das Wort „Gott" durch Umschreibungen wie „Himmel" oder „Kraft" (vgl. 27, 64) zu ersetzen pflegte. Von diesem Gottesreich handeln die großen *Redestücke*, die Matthäus in seinem Bericht zusammenstellt: Die Bergpredigt, in der Jesus die Lebensordnung dieses Reiches proklamiert (Kap. 5—7), die Aussendungsrede, in welcher die Boten des Gottesreichs ausgesandt und für ihren Zeugendienst zugerüstet werden (Kap. 10), die Gleichniskapitel mit den sieben Gleichnissen vom Himmelreich, die um das Geheimnis seiner Gegenwart und seiner Zukunft kreisen und verdeutlichen, wie der Anteil an diesem Reich gewonnen wird (Kap. 13), endlich die Rede von den letzten Dingen, der Wiederkunft Christi, dem Weltende und dem Weltgericht (Kap. 24 und 25). In diesen Reden — insgesamt fünf, wenn wir die Kampfrede wider die Pharisäer und Schriftgelehrten (Kap. 23) dazurechnen — hat der Evangelist Herrnworte unter bestimmten theologischen Gesichtspunkten zusammengestellt. Auch die in ihrer Deutung so umstrittene Bergpredigt ist nicht als eine Nachschrift einer Predigt Jesu, sondern als eine Komposition des Evangelisten zu verstehen. Als ein „Katechismus für Taufbewerber" ist sie neuerdings bezeichnet worden (J. Jeremias). Sie ist also an Menschen gerichtet, die die Frohbotschaft von Jesus Christus gehört, mehr noch, dieser Botschaft ihr Herz geöffnet haben, und will ihnen zeigen, wie nun ihr künftiges Leben aussehen soll. „Trachtet am ersten nach dem Reich Gottes und nach seiner Gerechtigkeit" – so lautet die Generalregel, die nun, nachdem in Jesus Christus die Heilszeit angebrochen ist, das Denken und Handeln derer, die dem Gottesreich zugehören möchten, bestimmen soll (6, 33). Vom Anbruch dieses Reichs zeugen die messianischen Zeichen, durch die sich Jesus als Bringer der Heilszeit und König des Reichs ausweist (vgl. 11, 4 ff; Jes. 35, 5 f.). Alle diese Machttaten wollen im Zusammenhang mit dieser Botschaft vom Reich gesehen und begriffen sein. Sie bekräftigen dieselbe, wie eine Melodie mit kraftvollen Akkorden begleitet wird.

Jesus von Nazareth, so will der Evangelist zeigen, kündigt den Anbruch des Gottesreichs nicht nur an, sondern indem er die Gottesherrschaft proklamiert, setzt er sie in Kraft. In seiner Person, in seinen Worten und Taten, ist dieses Reich gegenwärtig. Dies ist der Grund und das Geheimnis seiner *Vollmacht*. Von dieser besonderen Vollmacht Jesu weiß Matthäus viel zu erzählen. Erfüllt von des Geistes Kraft (3, 11) weist Jesus den Angriff des Versuchers in der Wüste ab (4, 1 ff.). Mit göttlicher Autorität stellt er in der Bergpredigt dem, was zu den Alten gesagt war, sein „Ich aber sage euch" entgegen (5, 21 ff.), und „es begab sich, da Jesus diese Rede vollendet hatte, entsetzte sich das Volk über seine Lehre, denn er predigte mit Vollmacht (Luther: „gewaltig") und nicht wie die Schriftgelehrten" (7, 28 f.). Unbekümmert um den Argwohn der Schriftgelehrten, die ihn der Gotteslästerung verdächtigten, nimmt er das Recht und die Macht für sich in Anspruch, Sünden zu vergeben (9, 3 ff.). Mehr noch, er versteht und bezeugt sich als der Vollstrecker aller Gedanken und Pläne Gottes mit den Menschen: „Alle Dinge sind mir übergeben von meinem Vater. Und niemand kennt den Sohn denn nur der Vater; und niemand kennt den Vater denn nur der Sohn und wem es der Sohn will offenbaren" (11, 27). Als der Stärkere bricht er, der Sohn Gottes, ein in des Satans Reich, entschlossen und imstande, den „Starken" zu binden und ihm seinen Raub abzunehmen (12, 29). Auf die zweifelnde Frage des Täufers „Bist du, der da kommen soll oder sollen wir eines andern warten" gibt er ohne Zögern und Schwanken die Antwort: Ich bin's! Selig ist, der nicht an mir irre wird (11, 4 ff.). Und als in der entscheidenden Stunde bei Cäsarea Philippi der Jünger Simon Petrus das, was er in Jesus fand und erkannte, in das Bekenntnis faßt: „Du bist der Christus, der Sohn des lebendigen Gottes" (16, 16), da weist Jesus dieses Bekenntnis nicht zurück, als habe der Jünger mit dieser Einstufung des Meisters zu hoch gegriffen. Er preist ihn selig, weil ihm Gott selber offenbarte, daß dies und nichts weniger, die messianische Würde und die Gottessohnschaft, das innerste Geheimnis seiner Person und seiner Sendung ist (vgl. 27, 63 f.). Gewiß, dieser Christus tritt anders auf, als man dies in Israel von dem Messias, der da kommen sollte, erwartet hat. Er wählt den Weg der Demut (11, 29), der Entsagung, des Dienens (20, 25 ff.), nicht auf die Erhaltung seiner selbst, allein auf die Verherrlichung Gottes bedacht (16, 22 f.). Anstatt die Worfschaufel zu nehmen und seine Tenne zu fegen (3, 12), greift er nach dem Kreuz, zum Leiden entschlossen, zum Sterben bereit (16, 21 ff.). Im *Gehorsam* gegen den Willen des Vaters übernimmt er Verwerfung und Tod (26, 39) und stirbt vor den Toren der heiligen Stadt, zuletzt von allen, auch den letzten Getreuen, verlassen. Mit dem Aufschrei „Mein Gott, mein Gott, warum hast du mich verlassen" (Psalm 22, 2) – das einzige unter den sieben Worten Jesu am Kreuz, das Matthäus bringt – endet Jesus seinen Lauf in der äußersten Finsternis völliger Gottverlassenheit. Doch in dieser Verwerfung erfüllt sich das Wort: „Einen kleinen Augenblick habe ich dich verlassen, aber mit großer Barmherzigkeit will ich dich sammeln. Ich habe mein Angesicht im Augenblick des Zornes ein wenig vor dir verborgen, aber mit ewiger Gnade will ich mich dein erbarmen, spricht der Herr, dein Erlöser" (Jes. 54, 7 f.). In der Gewißheit, daß der Gekreuzigte lebt und regiert, auferweckt aus Tod und Grab und sitzend zur Rechten der Kraft, schließt Matthäus seinen Bericht mit dem Oster-Evangelium (28, 1 ff.) und dem schon mehrfach erwähnten Tauf- und Missionsbefehl (28, 18 ff.). Die Auferweckung und Erhöhung des Christus sind dabei in eins geschaut; mit seiner Auferwekkung ist Jesus zum „König aller Gewalten" (28, 18) eingesetzt. Noch übt er seine Herrschaft nicht sichtbar und öffentlich aus, vielmehr in geistlicher Verborgenheit. Nur die, die in seinem Namen sich versammeln, wissen, wem in Wahrheit die Welt gehört; ihnen schenkt er die Gewißheit und die Erfahrung seiner bleibenden Gegenwart (18, 20; 28, 20). Aber dies hebt nicht auf, daß seine vollkommene Machtbefugnis am Tag seiner herrlichen Zukunft sichtbar in Erscheinung treten wird. Jesus, der verworfene Christus Israels, verwaltet und vollstreckt das Weltgericht (25, 31 ff.). Er spricht das letzte Wort über alle Menschen und Völker. Gegen sein Urteil ist kein Einspruch möglich. Es ist endgültig, unwiderruflich (vgl. 7, 23; 25, 12; 25, 46).

Der Ruf in die Nachfolge

Daß Jesus Christus nicht nur Zuhörer oder Bewunderer, auch nicht nur Mitläufer, sondern Nachfolger will, geht aus allen vier Evangelien klar hervor. Matthäus jedoch zeigt mit besonderem Nachdruck, welch ernste Verpflichtung zum Gehorsam solche Nachfolge in sich schließt. Schon die Beobachtung, daß er den Bericht über Jesu Worte und Taten mit der Ankündigung seiner Wiederkunft zum Weltgericht abschließt, gibt zu denken. Was für eine ernste Sache ist es um die Entscheidung für oder wider diesen Herrn, wenn sein letztes Wort die Welt unweigerlich in zwei Lager trennt, zwischen denen kein neutraler Standort mehr möglich ist! Der Ernst der *Entscheidung*, die hier gefordert ist, kann keinem Leser dieses Evangeliums verborgen bleiben. „Gehet ein durch die enge Pforte" ruft Christus seinen Jüngern in der Bergpredigt zu. Habt den Mut, zu den Wenigen zu gehören, die den schmalen Pfad erwählen, der ins Leben führt (7, 13 f.)! Nur wer mit Freuden alles andere drangibt, um das Reich Gottes zu gewinnen, hat in Wahrheit erkannt, welcher Schatz hier zu gewinnen ist; nur wer alles verkauft, um die eine, köstliche Perle zu gewinnen, handelt so, wie es des Himmelreichs würdig ist (13, 4 ff.). Die völlige Hingabe verlangt von dem Nachfolger die entschlossene Absage an den eigenen bösen Willen (18, 8 f.), eine heilige Rücksichtslosigkeit gegenüber allen andern Bindungen und Rücksichten (10, 37), eine kompromißlose Bereitschaft, das Kreuz anzufassen, das heißt den Leidens- und Todesweg des Meisters zu teilen und also den Entschluß zur Nachfolge mit der Hingabe des eigenen Lebens zu besiegeln (vgl. 10, 38 f.; 16, 24 f.). Dazu gehört das Nein zu aller Menschenfurcht und Leidensscheu (10, 28); an deren Stelle ist der standhafte Mut gefordert, den Namen Jesu auch und gerade vor den Menschen furchtlos zu bekennen (10, 32). Wer dazu nicht bereit ist, sondern sich mit einer gleichgültigen oder wohlwollenden Neutralität begnügt, fällt unter das Urteil: „Wer nicht mit mir ist, der ist wider mich; und wer nicht mit mir sammelt, der zerstreut" (12, 30).

Mit alledem fordert Jesus nichts, was er nicht zuerst von sich selbst gefordert hätte. Nirgends ist ein Bruch zwischen dem, was er sagt und was er tut. Dies gilt auch für die radikale Auslegung der Gebote in der Bergpredigt, die das Böse an seiner Wurzel packt und die völlige Liebe, die auch den Feind umfaßt, zum Erkennungsmerkmal der Kinder Gottes macht (5, 44 ff.). Weil er selbst Gottes Gesetz handelnd und leidend in vollkommener Weise erfüllt hat, ist ihm alle scheinheilige Frömmigkeit zutiefst zuwider (vgl. Kap. 23, 1 ff.). Ihm nachfolgen heißt, dem Willen des

Vaters gehorsam werden. Auch dieser Ruf zum *Gehorsam* wird von Matthäus mit besonderer Eindringlichkeit jeden, der sein Buch liest, in Herz und Gewissen geschrieben. Wem gehört das Himmelreich? „Es werden nicht alle, die zu mir sagen: Herr, Herr, in das Himmelreich kommen, sondern die den Willen tun meines Vaters im Himmel" (7, 21; vgl. 12, 50). Wer hört die Botschaft Jesu recht, wer ist ein „kluger Baumeister", der nicht auf Sand, sondern auf Felsen baut? Allein der, der das Hören mit dem Tun verbindet (7, 24 ff.). Worin dieser Wille des Vaters besteht, ist kein Geheimnis. In zwei Geboten „hanget das ganze Gesetz und die Propheten" (vgl. 22, 37 ff.). Das Neue, das Jesus bringt, ist nicht eine vertiefte Gotteserkenntnis oder eine veredelte Moral. Zu dem „Gott Abrahams, Isaaks und Jakobs" bekennt er sich (22, 23) und zu dem Doppelgebot der Gottes- und Nächstenliebe, wie es im Gesetz geschrieben steht (5. Mose 6, 5; 3. Mose 19, 18). Neu und wunderbar ist, daß mit seinem Kommen die messianische Heils- und Freudenzeit angebrochen ist, daß die Herrschaft Gottes auf dieser Erde Fuß gefaßt hat, daß durch sein Handeln und Leiden die versklavende Herrschaft des Satans zerbrochen ist, daß die Mühseligen und Beladenen, die unter dem Joch des Gesetzes einhergehen und sich vergeblich damit abmühen, sein „sanftes Joch" auf sich nehmen und von ihm lernen dürfen, wie Gott recht gedient und verherrlicht wird (vgl. 11, 28 ff.). Mit anderen Worten: Auch diese Forderung des Gehorsams ist ein Bestandteil des Evangeliums. In der Kraft des Namens Jesu soll und darf dieser Gehorsam gewagt und bewährt werden. Diese Kraft seines Namens wird aber nur von dem erfahren, der den Ruf in die Nachfolge nicht in den Wind schlägt, vielmehr hinter Jesus hergeht und in seiner Spur bleibt.

Das ist's, was Matthäus der Christenheit und der Welt, in der sie ihren Zeugenberuf erfüllt, zu sagen hat. Die Wirkungen seines Evangeliums sind unermeßlich und keineswegs auf die Christenheit beschränkt. Man denke nur daran, welche gewaltigen Erschütterungen allein von der Bergpredigt ausgegangen sind, wie das Wort Jesu an Petrus (16, 18) den Gang der Kirchen- und Weltgeschichte mitbeeinflußt hat. Doch nur der liest diesen Bericht von Jesus Christus richtig, der es mit Matthäus hält: „Und er stand auf und folgte ihm."

DER EVANGELIST

Markus

Es ist nur ein schmales Heft, jenes kürzeste aller Evangelien, das den Namen des Markus trägt. Ganze 45 Seiten umfaßt es in meiner Taschenbibel, mehr nicht. Wer diesen bemerkenswert kurz gefaßten Bericht über Jesus von Nazareth durchlesen will, wie man eine Zeitung liest, kann damit in einer knappen Stunde fertig werden. Aber sobald wir nicht auf den Umfang, sondern auf den Inhalt schauen, sieht's anders aus. Es gibt bekanntlich Leute, die auch mit wenigen Worten erstaunlich viel zu sagen wissen. Der Evangelist Markus ist in dieser Kunst Meister. Knapp, anschaulich reiht er Szene an Szene, vom ersten Auftreten Jesu an bis zum Osterbericht, und was er auf diesen wenigen Blättern bezeugt, hat ein solch unausdenkliches Gewicht, daß man mit diesem Büchlein ein Leben lang nicht fertig wird. Und wer es in die Hand nimmt, mag wohl die Mahnung Luthers beherzigen: „So es wohl geredet ist, man solle Fürstenbriefe dreimal lesen, wie vielmehr soll man Gottes Briefe, das ist die Heilige Schrift, drei-, vier-, zehn-, hundert-, tausend- und abertausendmal lesen. Denn Er bedächtig und wichtig redet, ja Er ist die ewige Weisheit selbst." Was von der ganzen Bibel gilt, gilt auch von diesem Evangelium. Denke nicht in deinem Herzen: Was hier geschrieben steht, ist mir ja längst vertraut und geläufig von Kindheit an. Wer so denkt, steht sich selbst im Wege und verbaut sich den Zugang zum unerschöpflichen Reichtum des Evangeliums. Ein Meister der Schriftauslegung, Johannes Calvin, mag uns den „rechten Griff" zeigen, auf den es hier wie im Umgang mit der Schrift überhaupt ankommt: „Der wandelt recht im Worte Gottes, der nicht aufhört zu staunen."

Ein alter Lehrer der Kirche, der bereits erwähnte Papias, der zu Anfang des 2. Jahrh. n. Chr. das Amt eines Bischofs in der Stadt Hierapolis (vgl. 1. Kol. 4, 13) bekleidet hat, weiß über den Verfasser das Folgende zu berichten: „Markus, der der Dolmetscher des Petrus gewesen ist, hat, was ihm von den Worten oder Taten Christi bekannt war, genau aufgeschrieben, jedoch nicht der Ordnung nach. Denn er hat den Herrn nicht gehört und ist ihm nicht nachgefolgt. Wohl aber folgte er später dem Petrus nach, der sein Lehren nach den Umständen einrichtete, nicht in der Absicht, eine Zusammenstellung der Worte des Herrn zu veranstalten. Daher hat Markus nicht gefehlt, wenn er einiges in der Art schrieb, wie er es im Gedächtnis hatte. Er war jedenfalls auf eins bedacht, nichts von dem, was er gehört hatte, zu übergehen und nichts davon zu verfälschen." Es besteht kein ernsthafter Grund, dieser aufschlußreichen Nachricht zu mißtrauen. Sie wirft ein Licht auf die Frage, woher denn dieser Markus überhaupt sein Wissen um Jesu Worte und Taten, sein Leben und Sterben bezog. Als eine Nachschrift der Missionspredigt des Petrus, freilich nicht im Sinn des wörtlichen Stenogramms, sondern in freier Wiedergabe aus dem Gedächtnis, will sein Bericht betrachtet sein. Ist der Verfasser nicht selbst Jünger und Augenzeuge des Herrn gewesen, so erhält sein Evangelium doch durch die Tatsache, daß hier der Dolmetscher und jahrelange Begleiter *des* Jüngers zu uns spricht, den Jesus selbst zum „Fels" seiner Gemeinde bestimmt hat, den Stempel apostolischer Autorität. An verschiedenen Stellen wird dieser Johannes Markus, wie er mit seinem vollen Namen heißt, innerhalb des Neuen Testaments erwähnt (vgl. Apostelgeschichte 12, 12; 12, 25; 13, 5; 13, 13; 15, 37; 15, 39; Kolosser 4, 10; 2. Timotheus 4, 11; Philemon 24; 1. Petrus 5, 13). Manche Ausleger haben überdies die geistvolle Vermutung ausgesprochen, der Evangelist habe sich in jenem „Jüngling", der im Garten von Gethsemane floh und sein Obergewand in den Händen der Häscher ließ, selbst ein unauffälliges Denkmal gesetzt (Markus 14, 51 f.). Ob es sich bei dieser Notiz wirklich um einen „Fingerabdruck" des Verfassers handelt, mag dahingestellt bleiben. Jedenfalls reichen die genannten Stellen aus, um sich von seiner Person und Lebensgeschichte zumindest im Umriß ein Bild zu machen.

Als Glied der Urgemeinde, so erfahren wir, ist der junge Markus in Jerusalem aufgewachsen. Das Haus seiner Mutter Maria scheint eine Art Mittelpunkt unter den Versammlungsorten der jungen Gemeinde gewesen zu sein. Schon frühzeitig hat er am Werden und Wachsen der jungen Kirche Jesu Christi persönlichen Anteil genommen. Sein Oheim Barnabas brachte ihn mit nach Antiochia, wo man die jüdische Sekte der Nazarener zum erstenmal „Christen" nannte (Apostelgeschichte 11, 26) und von wo aus auf Befehl des Heiligen Geistes der erste missionarische Vorstoß zu den Heiden unternommen wurde (Apostelgeschichte 13, 2 ff.). Zusammen mit Paulus und Barnabas, die man als die Bahnbrecher der Weltmission bezeichnet hat, wird Markus als deren Diener mit ausgesandt (13, 5). In der Stadt Perge trennt er sich von den beiden und kehrt allein nach Jerusalem zurück (13, 13). Erschien ihm der Vorstoß in das Innere von Kleinasien zu gefährlich oder war es ein anderer, uns nicht bekannter Grund, der ihn zu dieser Eigenmächtigkeit bewog? Wir wissen es nicht. Jedenfalls hat ihm Paulus dieses vorzeitige Sichabsetzen sehr übelgenommen. Als Barnabas beim Antritt der zweiten Missionsreise wieder den Markus als Begleiter vorschlägt, weigert sich Paulus entschieden, ihn ein zweites Mal mitzunehmen. Man kann's verstehen: zu gefahrvoll war die mit großen Strapazen und vielleicht harter Verfolgung verbundene Reise, als daß er einen Gefährten, auf den nicht unbedingt Verlaß war, mitnehmen konnte. Barnabas wiederum, durch verwandtschaftliche Beziehung mit dem jungen Markus verbunden, möchte ihm offensichtlich eine Chance zu besserer Bewährung geben. So „kamen sie scharf aneinander" (15, 39) und es kommt an der Person des Markus zur Trennung zwischen beiden. Barnabas schifft sich mit Markus zusammen nach Cypern ein, während Paulus den Silas zum Begleiter wählt (vgl. Lukas 10, 1 „je zwei und zwei") und mit ihm den Fußmarsch in das Innere Kleinasiens antritt, der ihn schließlich über die Hafenstadt Troas nach Europa führt. Damit verlieren wir nun freilich die Spur des Markus für lange Zeit völlig aus den Augen. Offensichtlich hat er sich jedoch im Dienst am Evangelium weiterhin wohl bewährt und durch seine Mitarbeit das Vertrauen des Paulus zurückgewonnen. Im Brief an die Kolosser erwähnt ihn dieser unter seinen Mitarbeitern (4, 10); im 2. Timotheusbrief stellt er ihm das Zeugnis aus: „Er ist mir nützlich zum Dienst" (4, 11). Daß Markus auch mit Petrus, nicht nur mit Paulus und Barnabas, in enger persönlicher Verbindung stand, geht nicht nur aus jener Notiz des Papias, sondern auch aus dem 1. Petrusbrief hervor. Gegen Schluß des Briefs richtet Petrus den Gemeinden die Grüße von seinem „Sohn Markus" aus (5, 13), der sich damals an seiner Seite in Babylon (Deckname für Rom) befunden hat. Nach alter Überlieferung soll Markus den Apostel Petrus auf seiner Romreise begleitet und hernach die Leitung der Gemeinde in Alexandria übernommen haben. Soviel steht fest, daß er jedenfalls wie kaum ein zweiter dazu berufen war, das Christuszeugnis der Urapostel für die Nachwelt festzuhalten, stand er doch mitten im Kraftfeld und Wirkungsbereich ihrer missionarischen Verkündigung. Petrus und Paulus, die „Säulen" der Urkirche – keiner von beiden hat uns ein „Evangelium" geschenkt. Ist das Evangelium des Markus nicht schon darum besonders kostbar, weil es eine Verbindung zwischen diesen beiden Polen urchristlicher Verkündigung herstellt, dem Funken vergleichbar, der von einem Pol zum andern übersprang?

Wie malt er uns den Herrn vor Augen?

So sehr sich Markus in seinem Bericht der Kürze befleißigt hat, so lebendig und farbig weiß er zu erzählen. Kein anderer Evangelist redet so anschaulich. Es genügt, einmal die Geschichte von der Auferweckung des Töchterleins des Jairus bei Matthäus (9, 18–26) und bei Markus (5, 21–43) nachzulesen und die Darstellung beider zu vergleichen, um dieses Urteil bestätigt zu finden. Wo ein anderer Evangelist einen Federstrich macht, macht er einen kräftigen farbigen Pinselstrich (vgl. Markus 9, 29 mit Lukas 9, 3!). Seine Sprache ist schlicht, volkstümlich, ohne literarischen Ehrgeiz. Dies zeigt sich zum Beispiel darin, daß er die einzelnen Szenen in loser Folge aneinanderreiht, wobei er sich mit Vorliebe des Wörtleins „alsbald" (euthys) bedient, das sich nicht weniger als einundvierzigmal in seinem Evangelium findet. Das unheimliche Gefälle, mit dem die Geschichte Jesu der Passion entgegenstürzt, wird dadurch besonders deutlich. Was auffällt, ist zunächst die Tatsache, daß bei Markus die *Worte* Jesu gegenüber seinen *Taten* stark zurücktreten. Weder die großen Redestücke, wie wir sie bei Matthäus finden (Kap. 5–7; 10; 13; 23; 24–25) noch die sogenannten Offenbarungsreden des vierten Evangeliums haben in diesem Bericht ein Seitenstück. Um so ausführlicher, ja dramatischer ist die Erzählung der Wunderheilungen Jesu gestaltet. Wie hat uns Markus zum Beispiel die Heilung jenes fallsüchtigen Knaben zusammen mit der Glaubensnot seines unglücklichen Vaters buchstäblich vor Augen gemalt (vgl. Markus 9, 14 mit Matthäus 17, 14–21 und Lukas 9, 37–42)! Völlig zurück tritt die Auseinandersetzung Jesu mit den Gegnern, die ihm aus dem Volk der Juden erwachsen sind. Nicht ohne gewichtigen Grund! Unser Evangelist wendet sich ganz deutlich nicht an Juden oder Judenchristen, sondern er schreibt für Heidenchristen. Wenn er hebräische oder aramäische Ausdrücke überliefert, so versäumt er nicht, sie getreulich zu übersetzen (5, 41;

7, 34); Gebräuche, die man nur in Palästina kennt, werden nicht ohne Absicht eigens erläutert (7, 3 ff.; 14, 12). Es fehlt der dem Evangelisten Matthäus so besonders wichtige „Schriftbeweis", das heißt die Verklammerung des Evangeliums mit dem Alten Testament, der Bibel Israels („auf daß erfüllt würde, was geschrieben steht"). Nur die Gestalt Johannes des Täufers, der ja an der Nahtstelle zwischen dem Alten und Neuen Bund steht, wird durch das hier unentbehrliche Zitat aus dem Alten Testament (Maleachi 3, 1; Jesaja 40, 3) eingeführt, damit das Besondere seiner Sendung deutlich werde. Außerdem wird von Jesus selbst das Alte Testament gelegentlich zitiert (vgl. Markus 2, 25 ff.; 4, 12; 7, 6 f.; 10, 7 ff.; 10, 19; 11, 17; 12, 10 f.; 12, 29 ff.; 12, 36; 15, 34), aber an all diesen Stellen gibt Markus ja nur wieder, was bereits festgefügter Bestandteil der mündlichen Überlieferung und zum sachlichen Verständnis unentbehrlich war.

Aufs Ganze gesehen nimmt er in diesem gerafften Bericht von Jesus eine doch recht erstaunliche, einschneidende Verkürzung vor. Schon bei einem flüchtigen Überblick wird man Wichtiges vermissen. Wo bleibt die Kindheitsgeschichte Jesu und seines Vorläufers, des Johannes, von der Ankündigung der Geburt, dem Stammbaum, der Weihnachtsgeschichte bis zur Darstellung im Tempel? Wo die Bergpredigt, die Aussendungsrede, wo die sieben Gleichnisse vom Himmelreich (Matthäus 13) und viele andere Gleichnisse Jesu, z. B. das Gleichnis vom verlorenen Sohn, vom barmherzigen Samariter, vom reichen Mann und armen Lazarus? Wo die Strafrede Jesu wider die Pharisäer und Schriftgelehrten (Matthäus 23) und vieles andere mehr? Eine gewisse Entschädigung mag man darin erblicken, daß Markus seinerseits auch einige Stücke bringt, die nur bei ihm sich finden („Sondergut"): Das Gleichnis von der selbstwachsenden Saat (4, 26—29), die Heilung des Taubstummen (7, 31—37) und des Blinden von Bethsaida (8, 22—26) und daß er, wie bereits erwähnt, manches ausführlicher zu schildern wußte (z. B. das Ende des Täufers 6, 14 ff.). Am ausführlichsten erzählt auch er die Passionsgeschichte; sie umfaßt nicht weniger als 3 Achtel des ganzen Evangeliums. Dennoch wären wir um vieles ärmer, wenn unsre Kenntnis Jesu nur auf dieser einzigen Quelle, dem Bericht des Markus, beruhen würde. E i n Grund dieser auffälligen Verkürzung ist sicher, daß sich Markus dazu berufen wußte, den Heidenchristen von dem irdischen Weg Jesu zuverlässigen Bericht zu geben. Aber fast noch wichtiger ist, daß ihm überhaupt nicht an einer lückenlosen Lebensgeschichte Jesu gelegen ist. „Anfang des Evangeliums von Jesus Christus" — so lautet sein erster, thematisch in knappem Telegrammstil dem Ganzen vorangestellter Satz. Das besagt: Es geht um die Bezeugung der Heilsbotschaft, und, so kurz der Bericht gefaßt ist, diese Botschaft von dem für uns gekreuzigten Gottessohn bleibt nicht undeutlich. Im Gegenteil, sie wird klar und mit plastischer Eindringlichkeit verkündigt, so daß jedermann seinen Glauben darauf gründen und damit bezeugen kann. Es geht um den „Anfang" der Botschaft, der — so grundlegend er für alle kommende Zeit der Kirche ist — doch nur der Anfang ist. Denn Jesus Christus, wie ihn dieser Evangelist, darin im Einklang mit allen Zeugen des Neuen Testaments, verkündigt, ist kein „Mann von gestern", keine nur geschichtliche Figur. Er lebt und regiert, sein Werk geschieht und setzt sich in der Sammlung seiner Gemeinde fort, bis daß er kommt. Darum war es dem Evangelisten genug, das Wichtigste, den Kern der Botschaft, schriftlich festzulegen.

Ein kurzer Überblick über den *Aufbau und Inhalt* seiner Schrift mag dies verdeutlichen.

Kap. 1, 1—12 ist eine Art Auftakt. Ohne Umschweif ist der Evangelist sofort bei der Sache (vgl. dagegen die gelehrte Vorrede des Lukas (1, 1—4), den feierlichen Prolog des 4. Evangeliums (1, 1—18). „Anfang der Frohbotschaft von Jesus Christus" (1, 1) — das Wort „Anfang" blickt auf 1. Mose 1, 1 („Am Anfang schuf Gott Himmel und Erde") zurück. Mit der Sendung Jesu, welcher der Christus (d. h. der von Gott gesalbte Heilskönig) ist, beginnt ein Neuanfang, eine neue Zeit, die Zeit des Heils. Mit seinem Kommen wird der Grundstein einer neuen Welt gelegt. Johannes der Täufer, seine Gestalt und Botschaft werden sodann kurz skizziert. Jesu Taufe und Versuchung schließen sich an, auf ganze vier Verse zusammengedrängt.

Nachdem sich so gleichsam der Vorhang gehoben hat, berichtet Markus über Jesu *erste Wirksamkeit in Galiläa* (Kapitel 1, 14–6, 13). In zwei thematischen Sätzen wird uns der Kern der Botschaft Jesu mitgeteilt: „Jesus kam nach Galiläa und predigte das Evangelium vom Reich Gottes und sprach: Die Zeit ist erfüllt, und das Reich Gottes ist herbeigekommen. Tut Buße und glaubt an das Evangelium!" Diese Botschaft wird im folgenden durch die in loser Folge aufgereihten Machttaten Jesu, vor allem seine Heilungswunder, wie mit kräftigen Akkorden beziffert. Mit der Aussendung und Rückkehr der zwölf Sendboten (6, 13) ist ein gewisser Abschluß erreicht.

Es folgt ein Bericht über *Jesu Wirksamkeit im galiläischen Grenzgebiet* (Kapitel 6, 14–8, 26), wobei besondere Beachtung verdient, daß im Gebiet von Tyrus und Sidon Jesus erstmals bei einer Heidin Glauben findet und diese seine Rettermacht, die auch den Dämonen gebietet, erfahren darf.

Ein wichtiger Markstein und Wendepunkt ist, wie bei Matthäus und Lukas, das Bekenntnis des Petrus (8, 27 ff.), dem die erste Leidensankündigung wie ein Schatten folgt. Kapitel 8, 27–10, 52 wird erzählt, wie Jesus diese *Wendung auf den Tod hin* vollzieht. Er bereitet die Jünger auf sein Leiden vor und greift, Jerusalem zugewandt, im Gehorsam gegen den Willen des Vaters nach dem Kreuz.

Ehe sich des Herrn Geschick nach Gottes Rat erfüllt, gibt Markus noch einen Bericht über Jesu *letzte Wirksamkeit in Jerusalem* (Kapitel 11, 1–13, 37). Nach seinem Einzug in die heilige Stadt, der Tempelreinigung und den letzten

Streitgesprächen mit den geistlichen Führern Israels, in denen der Konflikt zwischen ihrem und seinem Verständnis des Christusamts mit wachsender Schärfe zutage tritt, kündigt Jesus den Untergang Jerusalems an und spricht sodann in prophetischer Schau von den Sturmzeichen, die das Ende dieser Weltzeit und den Tag des Menschensohns (vgl. Daniel 7, 13), d. h. den Tag seiner Wiederkunft anmelden.

Den Abschluß bildet die *Passions- und Ostergeschichte* (Kapitel 14, 1—16, 8). Bezeichnend für die Schau des Markus ist einmal, daß er unter den Kreuzesworten Jesu nur eines, nämlich den Gebetsruf „Mein Gott, mein Gott, warum hast du mich verlassen" (Psalm 22, 1) erwähnt: Jesus leidet und stirbt in äußerster Verlassenheit. Zum andern, daß er das Bekenntnis des (heidnischen!) Hauptmanns unter dem Kreuz feierlich hervorhebt: „Wahrlich dieser Mensch ist Gottes Sohn gewesen" (15, 39). Das letzte, was Markus selbst erzählt, ist die Verkündigung der Osterbotschaft an die Frauen, die in der Frühe des Ostermorgens hinausgingen, den Leichnam zu salben.

Mit dem Satz: „Sie flohen von dem Grabe, denn sie waren von Zittern und Entsetzen ergriffen, und sie sagten niemand etwas, denn sie fürchteten sich" (16, 8) bricht den ältesten Handschriften zufolge der Bericht des Markus ab. Die folgenden Verse sind eine *nachträgliche Ergänzung* von zweiter Hand, die nach alter Überlieferung einem Presbyter mit Namen Ariston (um 150 n. Chr.) zuzuschreiben ist. Ob das Evangelium mit diesem „denn sie fürchteten sich" schloß, oder ob, was wahrscheinlicher ist, der ursprüngliche Schluß verlorengegangen ist, läßt sich nicht mehr ausmachen. Möglich wäre auch, daß dieser Nachtrag von zweiter Hand im Interesse einer nachträglichen Angleichung der Osterberichte den ursprünglichen Markusschluß verdrängte. Wichtig bleibt, daß auch dieses kürzeste Evangelium wie alle andern auf jeden Fall mit dem Zeugnis von der Auferweckung Jesu geschlossen hat. Das Ganze ist nicht eine wohldurchdachte schriftstellerische Komposition, sondern schlichte Aufzeichnung aus dem Schatz der den Aposteln gemeinsamen Erinnerung. Dennoch spürt man, daß der Evangelist ein bestimmtes Ziel im Auge hat.

Worauf zielt sein Bericht?

Die Lebensgeschichte des Markus zeigt, auch wenn sie uns nur im Umriß bekannt ist, daß er nicht als neutraler Berichterstatter über die Person und das Werk Jesu, seinen Lebens- und Todesweg berichtet, sondern selbst mit diesem Christus Jesus durch das Band des Glaubens verbunden ist. So ist auch sein Evangelium nicht nur *Bericht*, sondern zugleich *Bekenntnis*, geschrieben mit der Absicht, *Glauben zu wecken* (vgl. 1, 15; 4, 40; 6, 6; 9, 23 f.; 10, 52; 11, 22; 15, 39). Zu diesem Zweck stellt er uns Jesus in seiner helfenden Güte vor Augen und schildert seine Rettermacht, mit der er Krankheit, Besessenheit und Tod vertreibt, ein Herr über alle Macht der Finsternis! Er bezeugt uns, daß der Leidens- und Todesweg Jesu keine Katastrophe, kein Scheitern ist. Dieses Ende ist vielmehr von ihm selbst bejaht und gewollt, daß er „sein Leben gebe zu einer Erlösung für viele" (10, 45). Das ist freilich ein anderer Christus, als ihn Israel erwartet hat. An seiner Niedrigkeit entsteht Ärgernis (6, 3); auch seinen Jüngern bleibt er im Grunde fremd, sie verstehen ihn nicht (4, 40 f.; 6, 52; 8, 16 ff.; 9, 10. 32). Daß in ihm Gottes Königsherrschaft gegenwärtig ist, wird zwar durch seine Machttaten kraftvoll bezeugt. Und doch hat dies, daß der Sohn Gottes nicht in strahlender Glorie erscheint, zur Folge, daß seine Offenbarung seltsam verhüllte Offenbarung ist. Auf diese *Verhüllung* macht gerade Markus an vielen Stellen besonders aufmerksam: Sowohl den Dämonen (1, 34; 3, 12) wie seinen Jüngern (8, 30; 9, 9) verbietet Jesus selbst, das Geheimnis, daß er der Messias (Christus) ist, öffentlich bekanntzumachen. In ähnlicher Weise wird den Geheilten untersagt, die Nachricht von dem geschehenen Wunder zu verbreiten (1, 44; 5, 43; 7, 36; 8, 26). An diesem „Messiasgeheimnis" hat die gelehrte Forschung viel herumgerätselt. Wollte Jesus verhindern, daß der tödliche Konflikt zu früh ausbrach, ehe er noch die Seinen, deren er als seiner Zeugen bedurfte, im Glauben befestigt hatte? Wie dem auch sei, diese „geheime Epiphanie des Gottessohnes" (Martin Dibelius) hat uns der Evangelist verkündigt, damit, wer solches liest und hört, vor diesem Retter ohnegleichen niedersinke: „Ich glaube, lieber Herr, hilf meinem Unglauben. Du bist nicht irgendeiner, Du bist des lebendigen Gottes Sohn!"

DER EVANGELIST

Lukas

Um vieles wäre die Christenheit ärmer, hätte der Mann nicht zur Feder gegriffen, der auf dem bekannten Apostelbild Albrecht Dürers dicht an der Seite des Paulus steht und seine großen, klaren Augen fragend und forschend auf diesen Apostel der Heiden richtet: Lukas, der Verfasser des nach ihm benannten Evangeliums und der Apostelgeschichte. Weder die Weihnachtsgeschichte noch die Pfingstgeschichte fänden wir im Neuen Testament, wenn sich dieser Zeuge nicht hören ließe. Die Gleichnisse vom verlorenen Schaf, vom verlorenen Groschen und vom verlorenen Sohn, die Erzählung vom barmherzigen Samariter, vom reichen Mann und armen Lazarus, die Geschichte von Zachäus, dem Zöllner, und von der Auferweckung des Jünglings zu Nain, die Kunde von der Begnadigung jenes Schächers, der mit Jesus gekreuzigt wurde, und vieles andere, das für unser Bewußtsein zu den Kernstücken der Christusbotschaft gehört, würde uns fehlen. Wir hätten keine Kenntnis von der Entstehung und Gestalt der ersten Christengemeinde. Was Paulus auf seinen Missionsreisen erlebt und erlitten hat, könnten wir nur andeutungsweise aus seinen Briefen in Erfahrung bringen. Wir wüßten nicht, daß es bei Damaskus geschah, daß Jesus ihn, den Verfolger, überwand. Niemand hätte uns je die wundersame Geschichte von dem Kämmerer aus Mohrenland erzählen können. Diese Aufzählung ist längst nicht vollständig, aber die wenigen Beispiele genügen, um deutlich zu machen: Dieser Lukas nimmt unter den neutestamentlichen Zeugen eine wichtige Stelle ein. Um entscheidende Züge hat er unsre Kenntnis vom Leben und Werk Jesu Christi bereichert. Man möchte gerade diese Stimme des Lukas im Chor der ersten Zeugen keinesfalls vermissen!

Wer ist Lukas?

Nach altchristlicher, durchaus glaubwürdiger Überlieferung ist der Verfasser des Evangeliums wie der Apostelgeschichte „Lukas, der Arzt", den Paulus in seinen Briefen gelegentlich erwähnt (Kol. 4, 14; Philem. 24; 2. Tim. 4, 11). Schon der Name weist darauf hin, daß er seiner Herkunft nach Grieche, nicht Jude, war, vermutlich aus Antiochia gebürtig. Also kein Judenchrist, sondern ein Heidenchrist! Aus wessen Mund dieser Lukas das Evangelium zuerst vernommen, wer ihn bekehrt und getauft hat, Paulus oder Apollos oder ein anderer, wissen wir nicht. Nur soviel ist gewiß, daß er in naher, persönlicher Verbindung mit Paulus und seinem Missionswerk stand – ein Mitarbeiter des Apostels, der ihn zeitweise auf seinen weitgespannten, dramatisch bewegten Reisen begleitet hat. In den Schlußversen des Kolosserbriefes richtet Paulus der Gemeinde seine Grüße aus: „Es grüßt euch Lukas, der Arzt, der Geliebte, und Demas" (Kol. 4, 14). Im Philemonbrief erwähnt ihn Paulus unter denen, die seine Gehilfen sind (V. 24). Im letzten Paulusbrief, den wir im Neuen Testament finden, dem 2. Timotheusbrief, erfahren wir, daß Lukas mit besonderer Treue bis zuletzt an der Seite des Apostels blieb, der damals wohl dicht vor dem Martyrium stand: „Demas hat mich verlassen und die Welt lieb gewonnen, Lukas ist allein bei mir" (2. Tim. 4, 11). Wie eng die beiden Männer verbunden waren, bestätigt in ihrer Weise auch die Apostelgeschichte. In unauffälliger Weise läßt Lukas hier in den sogenannten „Wir-Berichten" durchblicken, daß er Paulus mindestens zeitweise auf seinen Reisen begleitet hat: In Troas und Philippi (Apg. 16, 10–17), auf den Reisen nach Milet (Apg. 20, 5–15), nach Jerusalem (Apg. 21, 1–18) und schließlich auf dem Gefangenentransport von Cäsarea nach Rom (Apg. 27, 1–28, 16) war er an des Apostels Seite. „Wir fuhren aus von Troas; und geradewegs kamen wir nach Samothrake, des andern

Tages nach Neapolis und von da nach Philippi" – so erzählt er zum Beispiel von jenem für die Kirchengeschichte und Weltgeschichte so bedeutsamen Wendepunkt, an dem das Evangelium von Jesus Christus wie ein Funke von Kleinasien nach Europa übersprang (Apg. 16, 11 ff). „Wir" das heißt der Berichterstatter war mit dabei als Pionier und Augenzeuge.

Es ist nicht eben viel, was wir aus unserem Neuen Testament über die Person des Lukas erfahren. Wir möchten noch viele Fragen stellen, was seine Herkunft, seinen Lebensweg betrifft und die Art, wie Lukas seinen ärztlichen Beruf ausübte. Aber dieses Wenige hat doch ein großes Gewicht und prägt sich sehr deutlich in seiner Berichterstattung aus. Jeder der vier Evangelisten hat ja die Botschaft von Jesus Christus mit seinen Ohren gehört, die Person und das Werk des Herrn mit seinen Augen angeschaut, und der Heilige Geist, der diese ersten Zeugen erleuchtete, hat ihre persönliche Eigenart durchaus nicht ausgelöscht. Daß Lukas, selbst Heidenchrist seiner Herkunft nach, nicht für Judenchristen schrieb, wie dies Matthäus tat, sondern sich mit seinen beiden Schriften an Christen aus den Heiden wandte, bleibt nicht verborgen. Auch dies, daß er viel mit Paulus zusammen war und seinem missionarischen Zeugnis lauschen konnte, hat einen spürbaren Einfluß auf seine Darstellung ausgeübt, wie sich bei näherer Betrachtung des Lukas-Evangeliums sogleich zeigen wird. An manchen Stellen schimmert auch die Tatsache durch, daß hier ein Arzt die Feder führt, der von der Erkrankung der Geheilten eine medizinisch genaue Diagnose gibt (vgl. zum Beispiel Luk. 14, 2; Apg. 28, 8). Endlich bezeugt das Evangelium genauso wie die Apostelgeschichte, daß beides von einem Mann geschrieben wurde, der zu der Schicht der Gebildeten gehörte. Beide Schriften beginnen mit einer Widmung, ohne daß wir freilich sagen könnten, wer jener „Theophilus" ist, den Lukas bei der Niederschrift im Auge hatte. Wie kunstvoll ist schon der erste Satz des

Evangeliums gebaut (1, 1–4)! Man darf nur einmal den Versuch machen, einen Text wie die Weihnachtsgeschichte, das Gleichnis vom verlorenen Sohn oder die Begegnung der beiden Emmausjünger mit dem Auferstandenen mit eigenen Worten nachzuerzählen, und wird alsbald entdecken, wieviel bei Lukas auch rein stilistisch zu erlernen ist. In dieselbe Richtung weist, daß der literarisch gebildete, geschichtlich bewanderte Verfasser die Lebens- und Leidensgeschichte Jesu in den großen Gang der Weltgeschichte eingeordnet hat (Kap. 1, 5; 2, 1; 3, 1). Während die anderen Evangelisten das Zeitgeschehen völlig ignorieren, erwähnt Lukas die römischen Imperatoren Augustus und Tiberius. Schließlich hat er sich auch bemüht, die überlieferten Jesusgeschichten in einer zeitlichen Reihenfolge weiterzugeben. Lukas ist „Historiker" – freilich nicht in dem Sinn, daß ihm an einer lückenlosen Darstellung gelegen wäre. Er wählt im Evangelium, erst recht in der Apostelgeschichte, beispielhafte Szenen aus. Aber wie er im Einzelnen das Typische erkennt und den großen Gang der Ereignisse deutlich macht, das verrät doch den geschichtlich geschulten Blick. Es zeigt sich, daß Lukas, der Arzt, nicht nur selbst von der Rettermacht Jesu ergriffen, von seiner Botschaft erfüllt war und an ihrer Ausbreitung persönlich Anteil nahm, sondern daß er auch besondere Gaben mitbrachte, die der ganzen Christenheit zum Segen wurden.

Warum griff Lukas zur Feder?

Nicht aus literarischem Ehrgeiz wie irgendein Schriftsteller, der sich selbst einen Namen machen möchte. Er selbst verschweigt ja seinen Namen geflissentlich. Was ihn zur Abfassung seines Evangeliums bewog, darüber gibt er selbst in einem *„Vorwort"* Rechenschaft: „Nachdem schon viele es unternommen haben, Bericht zu geben von den Geschichten, die unter uns geschehen sind, wie uns das überliefert haben, die es von Anfang selbst gesehen und Diener des Wortes gewesen sind, habe ich's auch für gut angesehen, nachdem ich alles von Anbeginn mit Fleiß erkundet habe, daß ich's dir, mein edler Theophilus, in guter Ordnung schriebe, auf daß du erfahrest den sicheren Grund der Lehre, in welcher du unterrichtet bist" (1, 1–4). Diese kleine Vorrede ist in verschiedener Hinsicht höchst aufschlußreich:

1. Wir erfahren, daß bereits eine größere Anzahl von Berichten über Jesu Worte und Taten, sein Leben, Leiden, Sterben und Auferstehen – dies alles umfaßt das Wort „Geschichten" – im Umlauf sind. Nur eine kleine Auswahl dieser Berichte ist uns erhalten. Zu den Berichten, die Lukas vorlagen, dürfte das Markusevangelium und die „Redenquelle" gehört haben, aus der auch Matthäus schöpfte. So jedenfalls sind die bestehenden Übereinstimmungen am leichtesten erklärbar. Darüber hinaus hat Lukas jedoch noch eine oder mehrere Quellen gekannt und benützt, aus denen er jene Stücke seines Evangeliums entnahm, die wir bei Matthäus, Lukas und Johannes nicht finden. Zwei Fünftel des Inhalts seines Evangeliums sind „Sondergut"; das heißt, sie sind nur bei ihm zu finden.

2. Alle diese Berichte gehen auf die mündliche Überlieferung der „ersten Zeugen" zurück, die als Augenzeugen den Erdenweg Jesu begleitet haben. Wohl erfolgte die Berufung der Jünger erst nach der Taufe Jesu, so daß sich die Frage stellt, woher man in der ersten Christenheit um jene „Vorgeschichte" wußte, die gerade bei Lukas so anschaulich und herzbewegend erzählt ist (Kap. 1 und 2). Ob nicht Maria, die Mutter Jesu, und Jakobus, der Herrnbruder, hier an erster Stelle als Gewährsleute zu nennen wären (vgl. Luk. 2, 19; Apg. 1, 14)? Auf jeden Fall wird aus dieser Vorrede des Lukas deutlich, daß wir in unseren Evangelien nicht eine Sammlung frei erfundener Legenden, sondern glaubwürdig verbürgte Zeugenberichte überkommen haben.

3. Bei der Zusammenstellung seines Berichts hat Lukas allen Fleiß darauf gewandt, genaue Erkundigungen einzuziehen. Er hat „alles von Anbeginn mit Fleiß erkundet". Auch hat er sich bemüht, die Ereignisse des Lebens Jesu „in guter Ordnung" darzustellen. Dabei folgt er im wesentlichen dem Aufbau des Markusevangeliums, schaltet jedoch in Kap. 9, 51–18, 14 einen großen ‚Reisebericht' über den Weg Jesu hinauf nach Jerusalem ein, in dem er das meiste seines Sonderguts unterbringt. Die Passionsgeschichte weicht nur in Einzelzügen von dem Bericht des Matthäus und Markus ab, wogegen die Ostergeschichten des Lukas wieder aus anderer Quelle schöpfen.

4. Die Absicht, die Lukas zur Niederschrift dieses, das vorhandene Gut sammelnden, sichtenden, literarisch gestaltenden Berichts bewog, ist zunächst die, jenem schon erwähnten Theophilus, wohl einem Taufbewerber, eine feste, verläßliche Grundlage seines Christenglaubens zu geben. Die Anrede („mein hochangesehener Theophilus") klingt ehrerbietig; offenbar handelt es sich um eine hochgestellte Persönlichkeit. Sie kehrt am Eingang der Apostelgeschichte wieder („mein lieber Theophilus"); man spürt, daß Lukas diesem uns unbekannten Heidenchristen, jetzt ungleich enger, noch verbunden ist. Es wäre jedoch ein Kurzschluß, aus dieser Widmung zu schließen, daß Lukas nur an diesen einen Mann als Leser gedacht habe. Solch eine Widmung entspricht der allgemeinen literarischen Gepflogenheit der Zeit; sie ist keine Eingrenzung des Leserkreises. So wurde denn die große Bedeutung dieser lukanischen Schriften auch frühzeitig erkannt. Als die folgenden Generationen vor der Aufgabe standen, den „Kanon" zusammenzustellen (das ist die Auswahl und Reihenfolge der Schriften des Neuen Testaments), der hinfort als verbindliche Lehrgrundlage gelten sollte, stand fraglos fest, daß beide Berichte aus der Feder des Lukas darin einen Ehrenplatz verdienten.

5. Daß Lukas dem „ersten Bericht" (Apg. 1, 1) einen zweiten Bericht folgen ließ, in dem er uns von dem Werden und Wachsen der jungen Kirche Jesu Christi erzählt, ist nicht zufällig, sondern in der Sache begründet. Dieser „zweite Bericht" ist insofern eine echte Fortführung des ersten, als Lukas nun das Werk des erhöhten Christus schildert, wie er im Evangelium das Leben und Wirken des Erniedrigten, Menschgewordenen beschrieben hat. Hier wie dort ist Jesus Christus die Mitte, um die alles kreist. Man kann sich fragen, ob ein „dritter Bericht" aus der Feder dieses hochbegabten Mannes wünschenswert oder doch denkbar wäre. Aus der Sicht des Lukas gesehen ist diese Frage zu verneinen. Dieses dritte „Buch" schreibt der Herr selbst, freilich nicht auf Pergament mit Federkiel und Tinte, am Tag seiner Wiederkunft.

Soviel zu dieser aufschlußreichen Vorrede (1, 1–4). Lukas ist also – im Unterschied zu Matthäus oder Johannes – nicht Augenzeuge, sondern ein *Christ der zweiten Generation,* der zu dem, was in Bethlehem und Nazareth, in Judäa und Samaria, am Jordan und auf Golgatha, in und um Jerusalem während Jesu irdischer Wirksamkeit geschah, schon einen zeitlichen Abstand hat. Aber sein Kontakt mit den „Zeugen erster Hand" ist eng, und in seinem zweiten Bericht kann er zum Teil aus eigenem Erleben schöpfen. Da er bei der Abfassung des Evangeliums auf die Zerstörung Jerusalems im Jahr 70 n. Chr. als ein schon geschehenes Ereignis zurückblickt (vgl. Kap. 21, 20–24), dürfte das Evangelium etwa um das Jahr 80 n. Chr. geschrieben sein. Nicht lange hernach darf man wohl die Entstehung des zweiten Berichts ansetzen; die Überschrift „Taten der Apostel" stammt freilich nicht von dem Verfasser. Sie ist erst seit Anfang des 2. Jahrhunderts n. Chr. gebräuchlich geworden.

Die eigentliche *Absicht* des Lukas ist nicht so sehr aus dieser Vorrede als vielmehr aus dem Ganzen seines Evangeliums erkennbar: er will den Heiden, die Christen geworden waren oder Christen werden wollten, Jesus Christus als ihren *Retter* vor Augen stellen. Dazu bezeugt er, was Jesu gesagt, getan und gelitten hat, wie er die Kranken heilte und die Sünder zurechtbrachte, die Reichen warnte und den Armen das Himmelreich aufschloß, und nach seiner Auferstehung aus Tod und Grab seine Boten zu allen Völkern sandte. In Jesus Christus ist Gottes rettende Barmherzigkeit erschienen. Bei ihm ist Vergebung und Frieden zu finden; von ihm gilt es die rechte Barmherzigkeit zu lernen. Von Jerusalem aus, wo dieser Weltheiland gekreuzigt wurde, dringt die Botschaft hinaus in die Völkerwelt – bekämpft und unterdrückt, aber dennoch nicht aufzuhalten! Denn hinter den Boten steht der Herr, der selbst seine Gemeinde baut, der sein Werk auf Erden vorantreibt bis auf den Tag, da seiner „kleinen Herde" das Reich gegeben wird (12, 18). Schon diese kurzen Andeutungen zeigen, daß Lukas, der Heidenchrist, zwar kein anderes, nach menschlichen Bedürfnissen umgemodeltes Evangelium überbringt, aber doch seine durchaus eigenen Akzente setzt. Dem gilt es noch genauer nachzudenken.

Der Heiland der Welt

„Ehre sei Gott in der Höhe und Friede auf Erden und den Menschen ein Wohlgefallen" – so singt die Menge der himmlischen Heerscharen über dem Hirtenfeld von Bethlehem. Den Menschen, nicht etwa nur dem alten Bundesvolk Israel, hat Gott in der Geburt Jesu die Hand zum Frieden geboten. Den Menschen, das heißt nicht nur den Frommen, sondern allen, die ein menschliches Antlitz tragen, gilt nun wieder sein Wohlgefallen. Von Anfang an ist im Lukasevangelium das Heil *universal*, zu deutsch allumfassend, weltumspannend aufgefaßt. Jesus ist nicht nur der Messias Israels, er gehört der Welt. Zwar verschweigt Lukas keineswegs, daß der Gott und Vater Jesu

Christi mit Israel eine besondere Geschichte hatte. In Kapitel 1 und 2 wird der Bericht von Jesus und seinem Vorläufer Johannes fest mit dem Alten Testament verklammert. In den drei Lobgesängen, die Zacharias, Maria und Simeon je an ihrem Ort anstimmen (1, 46 ff.; 1, 67 ff.; 2, 29 ff.), weht uns nach Stil und Inhalt der Geist der Psalmen an. Bei der Ankündigung der Geburt Jesu durch den Engel Gabriel wird die Sendung des Herrn noch ganz im Rahmen der alttestamentlichen Messiashoffnung entfaltet (1, 32 f.). Ebenso heißt es in dem „Magnifikat" (Lobgesang der Maria), das an den Lobgesang der Hanna (1. Sam. 2, 1 ff.) erinnert, am Ende: „Er hilft seinem Diener Israel auf, wie er geredet hat unseren Vätern, Abraham, und seinen Kindern ewiglich" (1, 54 ff.). Daß Jesus, der Christus Israels, in erster Linie zu den verlorenen Schafen aus dem Hause Israel gesandt war (vgl. Matth. 15, 24), läßt auch Lukas gelten. Über Jerusalem weint der Herr, das zur Zeit seiner gnädigen Heimsuchung nicht erkennt, was zu seinem Frieden dient (19. 41 ff.). In Jerusalem, der Stadt, die ihn verwarf, hebt die Predigt der Apostel an, den Juden zuerst das Heil anbietend (Apg. 2, 14 ff.; 13, 46). Und doch ist jene andere, von Lukas ungleich stärker betonte Tatsache nicht einen Augenblick zweifelhaft, daß Gott seinen Heiland „vor *allen Völkern*" bereitet hat, ein Licht, zu erleuchten die Heiden und zum Preis seines Volkes Israel" (Luk. 2, 30 ff.). Damit stimmt zusammen, daß Lukas den Stammbaum Jesu auf Adam zurückführt, während bei Matthäus die Kette der Geschlechter bei Abraham endigt (vgl. Matth. 1, 2 mit Luk. 3, 28 f.). Wie eng ist gerade hier die theologische Verbindung mit Paulus, dem Apostel der Heiden, der Jesus ebenfalls als den „zweiten Adam" verkündigt hat (Röm. 5, 12 ff.; 1. Kor. 15, 45)! Der Vorzug Israels wird bei Lukas zwar nicht bestritten, aber doch merklich zurückgedrängt. Dies zeigt sich auch darin, daß das von den Juden verachtete, halbheidnische Mischvolk der *Samariter* in Jesu Wort und Werk einbezogen wird.

Der barmherzige Samariter (10, 25–37), der dankbare Samariter (17, 11–19) müssen nach der Regel, daß aus Letzten unversehens Erste werden können, dem stolzen Juden zur Beschämung dienen. Wenn Lukas als einziger erzählt, daß Jesus siebzig Jünger aussandte (10, 1 ff.), und zwar von dem Gebiet aus, das die Samariter bewohnten (9, 51 ff.), so wird auch damit betont, daß sich der Herr schon während seiner irdischen Wirksamkeit nicht auf die Judenschaft beschränkte. Unter allen Völkern, so lautet dann vollends der Befehl des Auferstandenen, soll in seinem Namen zur Umkehr gerufen werden, damit sie Vergebung der Sünden erlangen (24, 47). Zum Zeugnis „in ganz Judäa und Samaria und bis an das Ende der Erde" soll und wird der Heilige Geist die Zeugen des Gekreuzigten und Erhöhten mit „Kraft aus der Höhe" (24, 49) ausrüsten (Apg. 1, 8).

Aus alledem spürt man, daß Lukas den Heiden bezeugen möchte: Auch ihr könnt vollen Anteil an Gottes Heil bekommen. Ihr seid nicht Christen zweiter Klasse! Gott hat euch seine rettende Liebe zugewandt, um so mehr, als die erstgeladenen Gäste sein Abendmahl verachtet haben (14, 16 ff.). Jetzt schickt er seine Knechte aus, um auf den Straßen und Gassen der Stadt, ja auf den Landstraßen und an den Zäunen, die Armen und die Krüppel, die Lahmen und die Blinden zusammenzuholen, auf daß sein Haus voll werde. Man begreift jetzt, warum Lukas den Angriff Jesu auf die gesetzliche Frömmigkeit der Pharisäer nur im Vorbeigehen streift (vgl. Luk. 11, 37 ff. mit Matth. 23), die Erzählung von der Tempelreinigung auf zwei Verse zusammenstreicht (vgl. Luk. 19, 4 f. mit Matth. 21, 12 ff.) und die Erzählung von dem kananäischen Weib (Mark. 7, 24 ff.), die Matthäus besonders wichtig war (vgl. Matth. 15, 21 ff.) überhaupt ausläßt. Er hat eine andere Front im Auge. Jesus ist der Retter, in griechischer Sprache der „Soter" der Menschheit – Jesus und nicht Augustus, der sich eben damals als Weltheiland feiern ließ. „Es ist in keinem andern das Heil, ist auch kein anderer Name unter dem Himmel den Menschen gegeben, durch den wir gerettet werden" (Apg. 4, 12). Damit sind alle anderen Götter und Nothelfer entthront, jede Möglichkeit der Selbsterlösung ist ausgeschlossen (vgl. Röm. 3, 21 ff). Umgekehrt ist keine Verschuldung so schwer, keine Verstrickung so schlimm, daß die Rettermacht Jesu nicht einen neuen, heilvollen Anfang schaffen, den Freispruch Gottes erwirken, alles zum Besten wenden könnte.

Der Retter der Sünder

Bei Paulus, der sich selbst als den Vornehmsten der Sünder bezeichnet hat (1. Tim. 1, 12 ff.), ist Lukas in die Schule gegangen. So nimmt es nicht wunder, daß ihm jene Geschichten, in denen Jesus den *Sündern* sein Erbarmen zuwendet, besonders wichtig und kostbar waren. In die Berufung des Simon Petrus fügt er das Bekenntnis ein: „Herr, gehe von mir hinaus! Ich bin ein sündiger Mensch" (Luk. 5, 8; vgl. Jes. 6, 5). Als Einziger erzählt er von jener großen Sünderin, welche die Füße Jesu mit ihren Tränen benetzte und, weil ihr viel vergeben wurde, den Pharisäer, der Jesus zu Tisch gebeten hatte, durch das Maß ihrer Liebe beschämte (7, 38—50). Ein ganzes Kapitel seines Evangeliums dient der Absicht, die Liebe Jesu zu den Verlorenen zu preisen (15, 1 ff.). Jesus läßt sich durch keinen Einspruch der Gerechten darin beirren, den Sündern nachzugehen; denn über *einen* Sünder, der umkehrt, ist mehr Freude im Himmel als über neunundneunzig Gerechte, die der Buße nicht bedürfen. In drei Gleichnissen, von denen das dritte, das Gleichnis ‚vom verlorenen Sohn', genauer und richtiger gesagt ‚von den beiden Söhnen', zum Angriff auf die lieblose Verachtung der Sünder durch die Frommen übergeht, zeigt Lukas, daß die Umkehr des Sünders Gottes Freude ist. Man darf diese Gleichnisse freilich nicht loslösen von dem Herrn, der sie erzählt. Sie sind wahr und gültig, weil er, der Sohn Gottes, hinaufgeht nach Jerusalem (9, 51), um dort mit seinem Tod am Kreuz die Schuld aller Sünder zu bezahlen. Darum kehrt er, ein Retter der Verlorenen, bei Zachäus, dem Oberzöllner von Jericho, ein (19, 1 ff.) und läßt seinem Hause Heil widerfahren. Darum wendet er noch in seinem Sterben jenem Schächer zu seiner Rechten seine Huld und Liebe zu: „Wahrlich ich sage dir, heute noch wirst du mit mir im Paradiese sein" (24, 43). Das Paradies ist der Ort, wo die Gerechten der Auferstehung warten; so liegt in diesem Kreuzeswort der Zuspruch der völligen Vergebung. Bis zuletzt bleibt Jesus seiner Sendung treu, zu suchen und selig zu machen, was verloren ist. Ein Ausgestoßener, der am Fluchholz empfängt, was seine Taten wert waren, ist seine erste Siegesbeute! In dieselbe Richtung weist das Gleichnis vom Pharisäer und Zöllner (Luk. 18, 9–14), das ebenfalls zum Sondergut des Lukas gehört. Zwei Beter gehen in den Tempel, der eine, erfüllt vom Bewußtsein seiner verdienstlichen Frömmigkeit, der andere, gedemütigt unter die Last seiner Verschuldung, und Gottes Freispruch wird dem verachteten Zöllner zuteil, der es nicht wagt, seine Augen zum Himmel zu erheben. Die unter den Gerechten Israels gültigen Maßstäbe werden umgestürzt. Nun, da das rettende Erbarmen Gottes in Jesus Christus auf dem Plan ist, findet eine *Umwertung* aller Werte statt, bei der aus Letzten Erste, aus Ersten Letzte werden, wie dies Maria in ihrem Lobgesang bezeugt: „Er übt Gewalt mit seinem Arm und zerstreut, die hoffärtig sind in ihres Herzens Sinn. Er stößt die Gewaltigen vom Stuhl und erhebt die Niedrigen. Die Hungrigen füllt er mit Gütern und läßt die Reichen leer" (1, 51). Auf dieser Begnadigung des Sünders liegt bei Lukas nicht nur ein besonderer Akzent, sie gilt ihm als das Herz- und Hauptstück der Christusbotschaft (vgl. Röm. 1, 18-3, 20; 2. Kor. 5, 19-21). Zwar findet sich im Evangelium des Lukas keine theologische Reflexion (Überlegung, Nachdenken) über den inneren Zusammenhang dieser Sündergeschichten mit dem Geschehen auf Golgatha. Es fällt vielmehr auf, daß Lukas in seinem Passionsbericht manche besonders anstößige Züge mildert; so fehlt zum Beispiel der Schrei des Gekreuzigten: „Mein Gott, mein Gott, warum hast du mich verlassen?" An Stelle dieses Wortes aus Ps. 22 berichtet Lukas von der Fürsprache Jesu für seine Mörder; das letzte Wort des Gekreuzigten lautet, in Anlehnung an Ps. 31, 6, „Vater, ich befehle meinen Geist in deine Hände": der von den Menschen Verworfene fällt nicht ins Bodenlose, sondern weiß sich in seinem Sterben noch von Gottes Treue umfaßt. Daß das Kreuz Jesu den Juden ein Ärgernis, den Griechen eine Torheit ist (vgl. 1. Kor. 1, 22 ff.), steht bei Lukas allenfalls zwischen den Zeilen zu lesen. Aber darin stimmt er mit Paulus überein, daß die *Mitte des Evangeliums* die *Rechtfertigung des Sünders* ist. Man kann seinen Bericht über Jesus von Nazareth unter den paulinischen Haupt- und Leitsatz stellen: „Das ist gewißlich wahr und aller Annahme wert, daß Christus Jesus in die Welt gekommen ist, um Sünder zu retten" (1. Tim. 1, 15).

Der Anwalt der Armen

Obwohl Lukas seine beiden Schriften einem vornehmen, wohl auch begüterten Mann, dem Theophilus, widmete, hat er dem Mammon, diesem Götzen, vor dem alle Welt auf den Knien liegt, nicht den geringsten Respekt bezeigt. Schärfer als alle anderen Evangelisten hebt er hervor, wie kritisch Jesus selbst dem menschlichen Besitzstreben gegenüberstand. Da ist die Erzählung von jenem törichten Reichen, der eine Rekordernte erzielte und, nachdem er sie in seine neuerbauten Scheunen geborgen hatte, sich sicher wähnte (Luk. 12, 13 ff.). „Aber Gott sprach zu ihm: Du Narr! Diese Nacht wird man deine Seele (d. h. dein Leben) von dir fordern, und wes wird's sein, das du bereitet hast?"

Unser Leben hängt nicht an den Dingen, die wir erwerben und um uns aufhäufen; es hängt allein an Gott, in jedem Augenblick! Der Besitz spiegelt dem Menschen eine Sicherheit vor, die sich als trügerisch erweist: „Niemand lebt davon, daß er viele Güter hat." Geld und Gut sind zwar nicht an sich verwerflich; aber wie leicht wird aus dem, der sie begehrt und besitzt, ein „Besessener"! Neben dem reichen Kornbauer steht das bekannte Gleichnis vom reichen Mann und armen Lazarus (16, 19 ff.) – eine erschütternde Warnung an die Adresse derer, die über dem eigenen Wohlsein und Behagen des Armen vergessen, in dem sie Gott nach dem Maß ihres Erbarmens fragt. Warum landet jener Reiche in der Hölle und in der Qual und fleht umsonst um ein Tröpflein Barmherzigkeit? Nicht weil er reich war, sondern weil Gott barmherzig ist und ebendeshalb die Verweigerung der Barmherzigkeit nicht ertragen kann (vgl. Jak. 2, V. 13). Angesichts des drohenden Gerichts ist es das Gebot der Klugheit, sich mit dem „ungerechten Mammon" Freunde zu machen. Von einem gerissenen Weltkind, dem ungerechten Haushalter, sollen die Jünger Jesu solche Klugheit lernen (16, 1 ff.) und also die Armen beschenken, damit diese als ihre Fürsprecher im Gericht für sie eintreten. Damit stimmt überein, daß Lukas das Liebesgebot Jesu in die Forderung kleidet: „Seid barmherzig, wie auch euer Vater barmherzig ist!" (6, 36.) Dieser *Ruf zur Barmherzigkeit,* der sich bei unserem Evangelisten schon in der sogenannten Standespredigt des Täufers findet (3, 10 ff.) ist, wie die Begründung zeigt, mehr als ein sittlicher Appell. Er bekommt dadurch seine Dringlichkeit, daß uns in Jesus Christus „durch die herzliche Barmherzigkeit Gottes der Aufgang aus der Höhe besucht hat" (1, 78). Am Beispiel des barmherzigen Samariters zeigt Jesus, wer jener Nächste ist, dem wir solche tätige, nicht nur im Mitleid sich erschöpfende Barmherzigkeit schuldig sind. Er läßt nicht zu, daß wir uns seiner Forderung durch die Frage: „Wer ist denn mein Nächster?" entziehen. Wer wirklich liebt, dem ist dies kein Problem; er weiß sehr wohl, wem er selbst heute und morgen in seiner jeweiligen Lage der Nächste ist; denn die Liebe (die echte!) macht sehend, sie bekommt den Nächsten zu Gesicht (10, 29 ff.). Während Jesus selbst, in freiwilliger Armut, allen Besitz verschmähend, sein Erbarmen den Sündern und Kranken zuwendet, fordert er von seinen Hörern solches Erbarmen besonders gegenüber den Armen und Notleidenden. „Verkauft, was ihr habt, und gebt Almosen" (12, 33) und wisset, daß euch das Hergeben nicht ärmer macht (6, 38)! Zachäus beweist dadurch, daß er die Hälfte seiner Güter den Armen gibt, daß seine Umkehr echt ist (19, 8). Jesus selbst ehrt das Scherflein der armen Witwe und stellt es höher als alle Gaben, die aus dem Überfluß abgezweigt werden (21, 1 ff.). Er macht seinen Nachfolgern Mut, um seinetwillen den Weg der Armut zu gehen und sein Los zu teilen. So lesen wir am Eingang der „Feldrede": „Und er hob seine Augen auf über seine Jünger und sprach: Selig seid ihr *Armen;* denn das Reich Gottes ist euer. Selig seid ihr, die ihr hier hungert; denn ihr sollt satt werden. Selig seid ihr, die ihr hier weinet; denn ihr werdet lachen" (6, 20 ff.). Vergleicht man die anderslautende Fassung dieser Seligpreisungen bei Matthäus (5, 3 ff.)!, so wird deutlich, daß man mit einem gewissen Recht von einem „sozialen Zug des Lukasevangeliums" gesprochen hat. Auch und gerade den Armen, ja ihnen in erster Linie bringt Jesus das Gottesreich. So steht Maria, das „arme Dirnlein aus Nazareth" (Luther) als die Erwählte und Begnadete an der Eingangspforte des Evangeliums. So wird den Hirten, die weder Bildung noch Ehre vor den Menschen besaßen, vielmehr damals zur untersten sozialen Schicht gehörten, zuerst die „große Freude" der Geburt des Heilands kundgemacht (vgl. 1. Kor. 1, 26 ff.). Daß Lukas, selbst zur Schicht der Gebildeten gehörig, diese Umwertung unserer gesellschaftlichen Einstufungen so stark betont, mag damit zusammenhängen, daß er Paulus auf seinen Missionsreisen begleitet und mit eigenen Augen gesehen hat, aus welcher

Schicht sich die heidenchristlichen Gemeinden vornehmlich rekrutierten. „Was vor der Welt niedrig und verachtet ist, das hat Gott erwählt, damit er das, was gilt, zunichte mache“ (1. Kor. 1, 28). Darin zeigt sich die Größe seiner Huld, daß sie zu denen hinabreicht, die in der Tiefe sind, und „die Niedrigen erhebt“ (1, 52). So ist auch darin der Einfluß des Apostels Paulus spürbar (vgl. 2. Kor. 8, 9).

Zu den Niedrigen gehörten in jener Zeit auch die *Frauen*, die im Leben der jüdischen Gemeinde kein Recht besaßen. Es ist wiederum Lukas, dieser „eigenartigste und eigenwilligste der Synoptiker“ (Otto Weber), der hervorhebt, daß Jesu Liebe und Rettermacht auch der Frau, nicht nur dem männlichen Geschlecht, gilt und gegolten hat. Neben Maria, die in so besonderer Weise Gefäß und Werkzeug der Gnade Gottes ist, stehen die Gestalten der frommen Hanna, die nimmer vom Tempel wich, und der Mutter Johannes des Täufers, Elisabeth. Wir hören vom Erbarmen Jesu mit der Witwe zu Nain (7, 11 ff.) und mit der großen Sünderin (7, 36 ff.). Wir erfahren, daß Jesus nicht nur den Jüngerkreis der Zwölfe bzw. der Siebzig um sich gesammelt hat, sondern auch Jüngerinnen hatte, die ihm nachfolgten (8, 1—3). Bei Martha und Maria kehrt Jesus in Bethanien ein — zwei Frauen, von denen jede auf ihre Weise den Herrn ehren, ihm dienen will (10, 38 ff.). Zweimal wird die Mutter, die Jesu gebar, selig gepriesen (1, 45; 11, 27 f.). Noch auf dem Schmerzensweg hinaus an die Richtstätte wendet sich Jesus mit einem besonderen Wort an die „Töchter Jerusalems“, die ihn beklagen und beweinen (23, 27 f.). Aus alledem wird deutlich, daß das Heil Gottes nicht nur allen Völkern und Ständen, sondern auch beiderlei Geschlecht gilt: „Da ist nicht Jude noch Grieche, da ist nicht Sklave noch Freier, da ist nicht Mann noch Weib; denn ihr alle seid *einer* in Christus Jesus“ (Gal. 3, 28). Nur von ferne können wir heute nachempfinden, welch revolutionäre Bedeutung diese Erkenntnis für die damalige Welt haben mußte, in der die Frau käuflich erworbenes Eigentum des Mannes war.

Der Fürst des Lebens

Einen eigenen Weg geht Lukas auch in seinem *Osterbericht*, mit dem das Evangelium schließt (24, 1–49). Er weiß von drei Erscheinungen des Auferstandenen zu berichten, nachdem er in Übereinstimmung mit Markus zunächst erzählt hat, wie die Frauen in der ersten Frühe des Ostertages an das Grab Jesu kamen und dort aus Engelsmund die Botschaft hörten: „Was suchet ihr den Lebendigen bei den Toten? Er ist nicht hier; er ist auferstanden." Die erste Erscheinung wird Simon Petrus zuteil (24, 34; vgl. 1. Kor. 15, 5); sie wird jedoch nur kurz erwähnt. In anschaulicher Breite schildert Lukas sodann die Begegnung der beiden Emmausjünger mit dem Herrn, den diese freilich erst kurz vor seinem Entschwinden erkennen (24, 13–35). Es erfolgt die Erscheinung im Jüngerkreis, die dann in der Himmelfahrt des Herrn ihren glorreichen Abschluß findet. Alle Ostergeschichten sind um den Schauplatz Jerusalem gruppiert (vgl. dagegen Matth. 28, 16). Jesus zeigt sich den Seinen als der von Gott Auferweckte in einer neuen, verklärten Leiblichkeit. Doch liegt ihm daran, den Glauben der Osterzeugen über die sinnliche Wahrnehmung hinaus in der „Schrift" zu verankern (24, 27. 45). Darüber hinaus weiß Lukas allerdings noch von „mancherlei Erweisungen", durch die sich Jesus Christus nach seinem Leiden als der *Lebendige* erzeigte (Apg. 1, 2). Nicht nur am Ostertag, sondern während eines längeren Zeitraums von vierzig Tagen ließ der Herr sich sehen und redete mit seinen Boten vom Gottesreich. Wer also je der Meinung war, Lukas habe von Jesus nur als von einem edlen Menschenfreund und Wohltäter der Armen, Kranken und Sünder erzählen wollen, wird hier endgültig eines Besseren belehrt. Gott selbst hat sich zu seinem „heiligen Knecht Jesus" (Apg. 2, 27) in einmaliger, eindeutiger Weise bekannt und ihn zum „Eckstein" (Apg. 4, 11) gemacht. Auf Jesu Auferweckung aus Tod und Grab folgt deshalb seine Erhöhung zur Rechten des Vaters (Apg. 2, 33), deren äußeres Zeichen das „Aufgehobenwerden gen Himmel" ist. Beides, die Erniedrigung und die Erhöhung Jesu, sieht Lukas im Alten Testament vorgezeichnet, wobei ihm die Psalmen 2, 16, 110 und Jes. 53 als Schlüsselstellen besonders wichtig sind (vgl. Apg. 2, 25 ff.; 2, 34 f.; 4, 25 ff.; 8, 32 f.; 13, 33 ff.). Was von diesem Jesus von Nazareth, der nach göttlichem Plan durch Leiden zur Herrlichkeit eingehen mußte, zu halten ist, geht aus der Verantwortung des Petrus vor dem Hohen Rat hervor: „Der Gott Abrahams, Isaaks und Jakobs, der Gott unserer Väter, hat seinen Knecht Jesus verherrlicht, welchen ihr überantwortet und vor Pilatus verleugnet habt. Den *Fürsten des Lebens* habt ihr getötet! Gott aber hat ihn auferweckt von den Toten; des sind wir Zeugen" (Apg. 3, 13 ff.; vgl. 4, 30 f.). Von diesem „Lebensfürsten" ist in dem zweiten Bericht des Lukas die Rede, und zwar so, daß deutlich wird: Sein Werk ist mit der Heimkehr zum Vater nicht abgeschlossen. Es wird vollendet am Tag seiner Wiederkunft (Apg. 1, 11; 3, 20). In der Zwischenzeit aber soll und wird das Zeugnis von den großen Taten, die Gott durch Jesus Christus getan hat, in Jerusalem und unter allen Völkern der Erde ausgerichtet werden, um so die Gemeinde derer zu sammeln, die zum ewigen Leben verordnet sind (Apg. 13, 48).

Indem Lukas zu Beginn seines zweiten Buchs (der Apostelgeschichte) noch einmal mit der Himmelfahrt Jesu einsetzt, hat er selbst für einen nahtlosen Anschluß an seinen ersten Bericht gesorgt. Die Bezeichnung *„Apostelgeschichte"* werden wir freilich besser durch eine andere ersetzen: „Vom Werden und Wachsen der jungen Kirche Jesu Christi." Denn Lukas gibt uns keine Biographie der Apostel; nur zwei, Petrus und Paulus, werden genauer beleuchtet, jedoch ohne den Ehrgeiz, ihren Lebensweg und ihr Lebenswerk vollständig zu beschreiben. Neben ihnen stehen andere Zeugen wie Stephanus und Philippus, Barnabas, Silas und Apollos, die nicht zum Kreis der Zwölfe gehörten, so daß das Wort „Apostelgeschichte“ einmal zuviel, dann wieder zu wenig verspricht. Vor allem aber liegt Lukas durchaus nichts daran, in seinem Bericht zu preisen, was diese Männer durch ihre missionarische Tatkraft zustande brachten. Die Entstehung wie die Ausbreitung der Gemeinde will als das Werk des erhöhten Herrn begriffen sein. Ihm, ihm allein gebührt die Ehre! Das *Thema* des Buchs wird in Kapitel 1, 8 genannt. Nachdem der Herr den Elfen, die um ihn versammelt sind, die Gabe des Geistes versprochen hatte, schickt er sie aus mit den Worten: „Ihr werdet meine Zeugen sein in Jerusalem und in ganz Judäa und Samaria und bis ans Ende der Erde.“ Er sendet sie in eine gegen sein Wort feindlich verschlossene Welt, und es wäre dies ein ohnmächtiger Befehl, wenn er an ihre eigene Überzeugungskraft und Leidensfähigkeit appellieren würde. Aber, genau genommen, ist es ja kein Befehl, sondern eine Feststellung: Nicht ihr sollt, ihr *werdet* meine Zeugen sein! So kann nur der sprechen, der die Welt mitsamt ihrem Fürsten schon überwunden hat.

Die Gemeinde – sein Lebenszeichen

Im ersten Hauptteil der Apostelgeschichte (Kap. 2–12) gibt uns Lukas ein stilisiertes Bild von der *Entstehung und Ausbreitung der Urgemeinde*. Diese erste Gemeinde ist keine Gründung der Apostel, vielmehr eine Frucht des Heiligen Geistes (2, 1–6, 7). Sie fügt sich zunächst in den Kultverband Israels ein (2, 46), aber an ihrem Bekenntnis zu Jesus als dem Christus muß ja der Bruch entstehen. Nach kurzer Zeit stehen Petrus und Johannes vor dem Hohen Rat, derselben Behörde, die über Jesus das Urteil sprach. Mit großem Freimut, durch keine Drohung einzuschüchtern, bekennen sie, daß Jesus lebt, durch seine Auferwekkung als der Christus Israels von Gott selbst ausgewiesen (Apg. 3, 12 ff.; 4, 8 ff.). In Kap. 6, 8–12, 25 erfahren wir dann von der Ausbreitung der Gemeinde als der Frucht ihrer Verfolgung. *Stephanus*, der erste Blutzeuge, stirbt den Zeugentod. Dabei wird erstmals der junge Pharisäer *Saulus* erwähnt (Apg. 7, 57), der sich in der Folgezeit in dem Wahn, er nehme Gottes Ehre gegen einen unsinnigen Irrglauben in Schutz, als der gefährlichste Verfolger der jungen Gemeinde betätigt, bis er durch die Begegnung mit dem Auferstandenen bei Damaskus entwaffnet und überwunden wird (Apg. 9, 1 ff.). Wer anders als Jesus selbst hätte diesen fanatischen Widersacher des Evangeliums von seiner Verblendung heilen können? Diese Bekehrung des Saulus zeigt besonders deutlich, wie der Erhöhte selbst in diesem ganzen Geschehen in und um Jerusalem, in Judäa und Samaria bis hinauf in den hohen Norden des Landes am Werk ist. Die Entstehung und Ausbreitung der Gemeinde ist sein Lebenszeichen! Im übrigen ist in diesem ersten Hauptteil des Buches Simon Petrus der „Fels", um den sich die Gemeinde schart. Lukas zeigt uns, wie die Ankündigung Jesu: „Auf diesen Felsen will ich meine Gemeinde bauen" (Matth. 16, 18) sich erfüllt.

Im zweiten Hauptteil (Apg. 13–28) gibt Lukas Bericht über den *Weg und Sieg des Evangeliums in der Völkerwelt.* Von Antiochia aus, wo man die Jünger Jesu zuerst „Christen" nannte (Apg. 11, 36) – zunächst wohl ein Spottname, der dann wie so oft in der Geschichte zum Ehrennamen wurde – beginnt mit der Aussendung des Barnabas und *Paulus* die Geschichte der Weltmission (Apg. 13, 2 f.). Ein wichtiger Wendepunkt ist die Ablehnung der Botschaft in der Synagoge im pisidischen Antiochien (13, 42 ff.) durch die dortige Judenschaft: „Euch mußte zuerst das Wort Gottes gesagt werden; nun ihr es aber von euch stoßet und achtet euch selbst nicht wert des ewigen Lebens, siehe, so wenden wir uns zu den Heiden." Mit diesen Worten, die Lukas dem Paulus und Barnabas in den Mund legt, begründen die Sendboten des Evangeliums, wie es zur Sammlung der heidenchristlichen Gemeinden kam: die

Blindheit Israels (vgl. Röm. 11, 25) hat sie auf diesen Weg gedrängt. Nachdem auf dem sogenannten Apostelkonzil die schwere Frage, ob man die Heidenchristen auch auf das Kultgesetz Israels verpflichten sollte, in einer die Gewissen befreienden Weise entschieden wurde (Apg. 15, 1 ff.), begleitet der Bericht des Lukas den Apostel Paulus auf seiner *zweiten* und *dritten Missionsreise,* in deren Verlauf ein Kranz blühender Gemeinden rings um das Mittelmeer entsteht. *Gottes Wort läuft* – so könnte man diese Kapitel (Apg. 13, 1–21, 14) überschreiben. Nach Jerusalem zurückgekehrt, wird Paulus auf dem Tempelplatz erkannt und mit knapper Not aus den Händen der erbitterten Judenschaft, die ihn am liebsten gelyncht hätte, errettet, wenn man das Eingreifen der römischen Garnison und seine sich anschließende Gefangensetzung als eine Errettung bezeichnen will. Da der Statthalter Felix seinen Prozeß verschleppt, beginnt für den Apostel eine schwere Zeit, in der ihm die Hände gebunden sind. Unter dem Nachfolger des Felix, dem Statthalter Festus, macht Paulus von seinem Appelationsrecht (Recht der Anrufung) an den Kaiser als obersten Gerichtsherrn Gebrauch (Apg. 25, 11) und kommt auf diese Weise nach abenteuerlicher Seefahrt, die durch den Schiffbruch bei Malta unterbrochen wird, schließlich als ein Gefangener nach *Rom.* Dies alles wird von Lukas sehr breit und anschaulich, mit langen eingestreuten Redestücken, erzählt. Man spürt, wie persönlich er am Ergehen des Apostels Anteil nahm. Und doch verliert er sich nicht ins biographische Detail, hebt vielmehr deutlich heraus, daß auch diese Leidenszeit des Apostels zu seinem Dienst als Botschafter Jesu Christi wesentlich hinzugehört (vgl. 2. Kor. 6, 4 ff.; 11, 23 ff.). Paulus ist gebunden, aber – so kann man diese Kapitel (Apg. 21, 15–28, 31) überschreiben – *Gottes Wort ist nicht gebunden.* Das letzte, was wir von Paulus hören, ist, daß er in Rom, wo er sich in Untersuchungshaft befindet, „das Reich Gottes predigte und von dem Herrn Jesus mit aller Freudigkeit lehrte unverboten" (Apg. 28,

V. 31). Ein Haupt- und Kernwort des ganzen Berichts, das Wort „Freudigkeit" (Freimut) ist damit noch einmal aufgegriffen (vgl. Apg. 4, 13; 4, 29. 31; 2. Kor. 3, 12; Phil. 1, 20). Lukas hat uns gezeigt, in welchem Geist die kleine Mannschaft jener ersten Zeugen, zu der ja auch er selbst gehörte, ihre Arbeit ausgerichtet hat. Keine Drohung, kein Widerstand, keine Gefahr und Verfolgung vermochten sie einzuschüchtern und am öffentlichen Bekenntnis Jesu Christi zu hindern. Wir sollen wissen, zu welch einem kühnen Zeugnis, Dienst und Opfer jene „Kraft aus der Höhe", die Jesus versprach, seine Zeugen befähigt hat. Insofern ist dieser Bericht des Lukas nicht nur eine interessante Lektüre, sondern zugleich ein trefflicher Ansporn zum Zeugendienst für alle Christenheit.

Wir haben gesehen, wie diese beiden Berichte, das Evangelium und die Apostelgeschichte, ineinandergreifen. Ist Lukas auch kein geschulter Theologe wie sein Lehrer Paulus, so hat er doch einen klaren Blick für den *Heilsplan Gottes,* der in dem Geschehen, von dem er erzählt, Zug um Zug sich erfüllt: Der Gott und Vater Jesu Christi, der die ganze bisherige Geschichte von der Schöpfung über die Berufung Israels bis zur Geburt Jesu Christi in der Mitte der Zeit (vgl. Gal. 4, 4) gestaltet hat, ist auch in der Geschichte der Kirche am Werk, die nun in dem Zeitraum zwischen der Auferstehung Jesu und seiner Wiederkunft aus Israel und den Heiden gesammelt wird. Auf die Sendung des Sohnes folgte die Ausgießung des Geistes (Luk. 2, 1 ff. – Apg. 2, 1 ff.) und durch diese „großen Taten Gottes" wurde die Weltgeschichte zum Schauplatz der Heilsgeschichte. Daß wir diese *Taten Gottes* zu Gesicht bekommen und durch den Glauben an Jesus Christus das Heil ergreifen, dazu hat Gott diesen griechischen Arzt mit seinem Geist begabt und sein Zeugnis der Christenheit erhalten. „Wer's glaubt, des Herz wird freudenvoll" – ist es doch der Bericht eines Zeugen, dessen Herz übervoll ist von der „großen Freude" (Luk. 2, 10; 24, 52), die in Jesus Christus allem Volk widerfahren ist!

DER EVANGELIST

Johannes

Als Martin Luther in der Turmstube der Wartburg das Neue Testament verdeutschte, hat er den einzelnen Schriften jeweils eine treffliche Vorrede vorausgeschickt. In diesen Vorreden zum „Septembertestament" — so genannt, weil das Büchlein im September 1522 erschienen ist — gibt Luther über das vierte Evangelium folgendes Urteil ab: „Weil Johannes gar wenig Werk von Christo, aber gar viel von seiner Predigt schreibt, wiederum die andern drei Evangelisten viel seiner Werk, wenig seiner Wort beschreiben, ist Johannis Evangelion das einzige zarte rechte Hauptevangelion und den andern dreien weit vorzuziehen und höher zu achten."

Dieses Urteil des Reformators mag manchen Leser überraschen, zumal sich der Zugang zu dem „einigen zarten rechten Hauptevangelion" gar nicht so leicht erschließt. Die Bevorzugung erscheint uns fragwürdig, zumindest sehr persönlich gefärbt zu sein. Jedes der vier Evangelien ist uns in seiner Art und Weise lieb und wert; wir möchten wahrlich keines missen! Dennoch liegt Luthers Hochschätzung des Johannesevangeliums eine richtige Beobachtung zugrunde. Wenig von den Werken, viel von den Worten, von der Predigt Christi, wird uns in diesem Büchlein mitgeteilt. Calvin, der Genfer Reformator, drückt dieselbe Beobachtung mit folgenden Worten aus: „Bei Johannes tritt die Lehre, die uns Kraft und Frucht des Kommens Christi darlegt, weit klarer hervor als bei den andern. Die ersten drei bringen den Leib, Johannes aber die Seele. Sein Evangelium ist der Schlüssel für die drei andern." Unter demselben Eindruck stand schon die alte christliche Kirche, wenn sie Johannes „den Theologen", den Gottweisen, nannte, weil es ihm gegeben war, das Wesen Christi mit besonderer Klarheit und Tiefe zu erfassen. Nicht umsonst wurde in der christlichen Kunst diesem Evangelisten das Zeichen des Adlers beigefügt, dessen scharfes, königliches Auge Bewunderung verdient — Sinnbild des wunderbaren Einblicks in die ewige Welt der göttlichen Geheimnisse, der diesem Evangelisten gegeben war.

Zur Person des Evangelisten

Das Evangelium selbst nennt den Namen seines Verfassers nicht. Mit gutem Grund! Es ist ja, genauso wie die drei andern, nicht von Menschen erdacht und ausgeklügelt. Es ist „Gottes Evangelium" (vgl. Röm. 1, 1), im Herzen Gottes entsprungen. Keiner der vier Evangelienberichte verdankt seine Entstehung dem Umstand, daß hier ein Mensch sich als Schriftsteller einen Namen machen, seinen literarischen Ruhm begründen wollte. Trotzdem kann uns nicht gleichgültig sein, wer der Bote war, dessen sich der Herr bediente. Gibt das vierte Evangelium selbst keinen Namen, so doch einen Hinweis! Schon immer hat man, mit Recht, vermutet, daß sich hinter jenem nie mit Namen genannten, aber mehrfach besonders hervorgehobenen *„Jünger, den der Herr liebhatte"* die Person des Verfassers verbirgt. Ja, es gibt eine Stelle im Evangelium, freilich ganz am Ende im 21. Kapitel, das nachträglich hinzugefügt wurde, an welcher diese Vermutung von einem Personenkreis, in dessen Mitte der Verfasser gelebt hat, ausdrücklich bestätigt wird: „Dies ist der Jünger, der von diesen Dingen zeugt und dies geschrieben hat, und wir wissen, daß sein Zeugnis wahrhaftig ist" (21, 24). Von diesem unbenannten Jünger wird erzählt, daß er beim letzten Mahl Jesu mit den Seinen als der nächste Vertraute den Platz an der Seite des Meisters innehatte und, von Petrus dazu aufgefordert, den Namen des Verräters erfragte (13, 23 ff.). Er dürfte mit jenem „anderen Jünger" identisch sein, der in der Nacht der Verhaftung und Verurteilung Jesu in des Hohenpriesters Palast hineinging, um den Verlauf der Verhandlung zu verfolgen (18, 15). Er steht als einziger aus dem Kreis der Zwölfe unter Jesu Kreuz; sterbend vertraut ihm Jesus Maria, seine Mutter, an: „Da nun Jesus seine Mutter sah und den Jünger dabeistehen, den er liebhatte, spricht er zu seiner Mutter: Weib, siehe, das ist dein Sohn! Danach spricht er zu dem Jünger: Siehe, das ist deine Mutter!" (19, 26). Er ist, wie mit feierlicher Betonung hervorgehoben wird, der Augenzeuge des Lanzenstichs, mit dem Jesu Seite geöffnet wurde (19, 35). Er läuft am Ostermorgen zusammen mit Petrus an Jesu Grab, um sich selbst davon zu überzeugen, daß der Stein abgewälzt und die Gruft verlassen hat, wie Maria von Magdala dies berichtet hat (20, 2 ff.). Bei der Erscheinung des Auferstandenen am See, unweit von Tiberias, ist er der erste, der in der Gestalt am Ufer den Herrn erkennt (21, 7). Und nach jenem ergreifenden Beichtgespräch, in dem Simon Petrus sein Apostelamt von dem Auferstandenen neu bestätigt wird, wird noch einmal ein Herrnwort überliefert, das diesem Jünger galt, den er liebhatte und der beim Abendmahl an seiner Brust gelegen hatte: „So ich will, daß er bleibe, bis daß ich komme, was geht es dich an?" (2, 20 ff.).

Wir sehen, daß es mit der Person dieses Jüngers im Evangelium selbst eine besondere Bewandtnis hat. Wie aber läßt sich begründen, daß dieser Jünger, den der Herr liebhatte, kein anderer als *Johannes*, der Sohn des Zebedäus und Bruder des Jakobus, war? Einmal fällt auf, daß ausgerechnet Johannes im vierten Evangelium niemals mit Namen erwähnt wird. Dahinter muß eine bestimmte Absicht stehen. Ist es des Verfassers Bescheidenheit, die den eigenen Namen geflissentlich verschweigt? Zum andern wissen wir aus den andern Evangelien, daß drei Jünger, Petrus, Jakobus und Johannes, dem Herrn Jesus besonders nahestanden (vgl. Mark. 5, 37; 9, 2; 14, 33). Petrus, zugleich mit dem ungenannten Jünger mehrfach an den genannten Stellen erwähnt, scheidet aus; Jakobus aber hatte zu der Zeit, da unser Evangelium geschrieben wurde, längst das Martyrium erlitten (vgl. Apg. 12, 2). So bleibt nur Johannes übrig, wenn wir im Jüngerkreis für diesen „Lieblingsjünger" nach einem Namen suchen. Ein dritter Hinweis liegt in der Erzählung von der Berufung der ersten vier Jünger, die wir in Kap. 1, 35–42 finden. Zwei Jünger folgen Jesus nach, wozu das Zeugnis des Täufers

„Siehe, das ist Gottes Lamm!" den Anstoß gab. Der eine der beiden ist Andreas; er wird namentlich genannt, und zwar wird von ihm erzählt, daß er „zuerst" seinen Bruder Simon fand und zu Jesus führte. Folglich hat auch der andere einen Bruder gehabt, den er hernach fand und zu Jesus brachte. Da wir im Jüngerkreis nur zwei Brüderpaare kennen, kann dieser andere nur Johannes oder Jakobus gewesen sein. Daß der Name verschwiegen wird, spricht dafür, daß es Johannes war. Auch stimmt es mit den Berichten der drei andern Evangelien überein, daß diese beiden Brüderpaare, Simon und Andreas, Johannes und Jakobus, die Erstberufenen gewesen sind.

Ist somit erwiesen, daß der unbenannte Jünger kein anderer als Johannes ist, so bleibt nur noch die Frage, ob die durch das Nachwort (Kap. 20, 24 f.) bestätigte Vermutung, daß Johannes der *Verfasser des Evangeliums* ist, Glauben verdient. Dafür spricht erstens, daß der Verfasser den Anspruch erhebt, als Augenzeuge an dem Geschehen, von dem er berichtet, beteiligt gewesen zu sein: „Das Wort ward Fleisch und wohnte unter uns und wir sahen seine Herrlichkeit, eine Herrlichkeit als des eingeborenen Sohnes vom Vater, voller Gnade und Wahrheit" (1, 14; vgl. 1, 16). Noch eindringlicher wird diese Augenzeugenschaft im Eingang des ersten Johannesbriefs betont, der nach Stil und Inhalt unbestreitbar von demselben Verfasser stammt (1. Joh. 1, 1–3). Überdies erweist sich der Evangelist als ein guter Kenner des Landes und der Verhältnisse; Sprache und Satzbau weisen auf einen Mann, der Aramäisch sprach und dachte und mit dem Gebrauch der griechischen Sprache gewisse Mühe hatte. – Für die Abfassung durch Johannes, den Jünger Jesu, spricht zweitens die altkirchliche Überlieferung. Bei dem Kirchenvater Irenäus (geb. um 140 n. Chr.), der als Kind noch den alten Märtyrerbischof Polykarp von Smyrna, der als Schüler der Apostel galt, gehört hatte, findet sich die Nachricht: Johannes, der Zebedaide, habe das Evangelium geschrieben und zwar in Ephesus, wo er bis in die Zeit des Kaisers Trajan (98 n. Chr.) gelebt habe.

Eine wichtige Stütze dieser alten Überlieferung, derzufolge das Evangelium wohl gegen das Ende des 1. Jahrhunderts n. Chr. in Ephesus geschrieben wurde, bildet die Tatsache, daß im Jahr 1935 in Ägypten ein Papyrus gefunden wurde, der ein Bruchstück des Johannesevangeliums (18, 31–33. 37 f.) enthält. Dieser Papyrus stammt dem Urteil von Kennern zufolge aus der Zeit um die Jahrhundertwende. Das Evangelium muß also schon damals in Mittelägypten bekannt und verbreitet gewesen sein. Es kann nicht nach dem Jahr 100 entstanden sein. Da nun der Jünger Johannes ein sehr hohes Alter erreichte, so daß in der Christenheit die Rede ging, er werde nicht sterben, ehe Jesus wiederkommt (vgl. 21, 23), läßt sich die Niederschrift des Evangeliums durchaus in seine irdische Lebenszeit einordnen.

Trotz dieser gewichtigen Argumente gibt es – das sei nicht verschwiegen – auch sehr gelehrte Kenner der neutestamentlichen Überlieferung, die sich mit dem Gedanken, der Zebedaide Johannes sei der Verfasser des vierten Evangeliums, durchaus nicht befreunden können. Zu breit sei die Kluft, die diesen Bericht von den drei andern trennt, zu verschieden die ganze Christusdarstellung nach Stil und Inhalt, zu kunstvoll der Aufbau und die Gedankenführung, als daß ein galiläischer Fischer als Verfasser denkbar sei. Diese Bedenken sind nicht mit leichter Hand wegzuwischen; denn tatsächlich kommt man aus dem Staunen nicht heraus, wenn man von der Lektüre des Markus oder Lukas herkommt und sich alsdann in die Lektüre des sog. Johannesprologs (1, 1–18) oder des Hohenpriesterlichen Gebets (17, 1 ff.) versenkt. Es ist, als träte man vom Marktplatz, auf dem ein dramatisch bewegtes Passionsspiel aufgeführt wurde, in einen hohen, stillen Dom. Tatsächlich hat dieses vierte Evangelium nach Sprache, Stil und Inhalt sein eigenes, durchaus originelles Gepräge.

Worin diese Eigenart besteht, wird noch genauer zu fragen sein. Nur so viel sei zu der Frage, ob ein Augenzeuge aus dem palästinensischen Jüngerkreis als Verfasser dieses Evangeliums denkbar sei, vornweg gesagt: Auch die anderen drei Evangelisten brachten keine Biographie Jesu zu Papier; auch ihre Berichte stehen im Dienst der Christusverkündigung. Der Unterschied ist nicht so groß, wie es zunächst den Anschein hat. Zum andern will bedacht sein, daß Christus seinen Jüngern die Gabe des Heiligen Geistes versprochen hat und dieses Versprechen nach seiner Erhöhung zum Vater auch eingelöst hat. Wer ist imstande, am Schreibtisch des Gelehrten nach nahezu zweitausend Jahren zu entscheiden, welcher Erleuchtung und Verwandlung dieser ersten Zeugen der Geist, der über sie kam, mächtig war?

Gewiß steht und fällt der geistliche Gewinn, den wir aus dem Evangelium heute empfangen, nicht mit der Verfasserfrage. Der Gott, der dem Abraham aus Steinen Kinder erwecken kann (vgl. Matth. 3, 9), konnte sich auch durch eine unmittelbare Berufung einen Zeugen der Christusbotschaft zubereiten, wofür der Apostel Paulus ein sehr namhaftes biblisches Beispiel ist (vgl. Gal. 1, 15 f.). Trotzdem hat noch niemand den Beweis erbracht, daß es für die geschichtliche Zuverlässigkeit eines Evangelienberichts gleichgültig sei, ob er von einem Augenzeugen oder doch einem engen Mitarbeiter und Schüler der ersten Zeugen abgefaßt ist oder aber der theologischen Reflexion einer späteren Generation entstammt. Die Tatsache, daß Jesus selbst den Kreis der Zwölf so eng an sich gebunden hat, zeigt, daß ihm selbst – wie auch der Urgemeinde (vgl. Apg. 1, 21 f.) – die Augenzeugen seines irdischen Weges wichtig waren. Deshalb ist es nicht ratsam, die durchaus glaubwürdige Überlieferung, daß Johannes, der Jünger Jesu, das Evangelium geschrieben habe, ohne zwingende Gegengründe fallenzulassen.

Da solche Gründe nicht vorliegen, möchten wir in dieser Frage dem Urteil der alten Kirche, für welche die Verfasserschaft des Johannes feststand, gegenüber anderslautenden Stimmen innerhalb der heutigen Bibelwissenschaft den Vorzug geben. Dies besagt, daß wir von der *Person* des Evangelisten aus dem Neuen Testament selbst ein recht deutliches Bild bekommen. Johannes, ein Sohn des Zebedäus und der Salome (wie man aus dem Vergleich von Matth. 27, 56 und Mark. 15, 40 geschlossen hat), war in jungen Jahren offenbar von der Bewegung, welche Johannes der Täufer durch seine Bußpredigt entfacht hatte, ergriffen worden. Er hatte sich zunächst dem Jüngerkreis, den der Täufer um sich sammelte, angeschlossen (vgl. 1, 35). Mit sparsamen Worten erzählt er von seiner ersten Begegnung mit Jesus, die ihm bis auf die genaue Tagesstunde unvergeßlich blieb (1, 39). Will man diesen Bericht mit dem, was die andern Evangelien über die Berufung der ersten Jünger erzählen (vgl. Mark. 1, 19 f.; Matth. 4, 18 ff.; Luk. 5, 1 ff.), in Einklang bringen, so muß man annehmen, daß dieser ersten Begegnung ein nochmaliger Ruf Jesu in die dauernde Nachfolge gefolgt ist. Johannes und sein Bruder Jakobus, beide von Beruf Fischer am Galiläischen Meer, verließen auf diesen Ruf hin Fischerboot und Netze. Es müssen zwei junge Männer von stürmischer Wesensart gewesen sein; jedenfalls gab ihnen Jesus nicht umsonst den Beinamen „Boanerges" d. h. Donnersöhne (Mark. 3, 17). Damit stimmt überein, was Luk. 9, 52 berichtet wird: Als die samaritischen Dörfer Jesus die Herberge verweigern, hätten die beiden am liebsten, dem Vorbild des Elia folgend, Feuer vom Himmel fallen lassen! Jesus freilich wies sie scharf zurecht – mit welcher Begründung, das mag jeder selbst nachlesen (vgl. auch Mark. 10, 35 ff.). Nehmen wir die bereits erwähnten Hinweise des vierten Evangeliums auf den „Jünger, den der Herr liebhatte" hinzu, so rundet sich das Bild. Wir haben in dem Verfasser des Evangeliums einen Zeugen vor uns, der von den Anfängen der öffentlichen Wirksamkeit Jesu her dicht an des Meisters Seite war, der in seiner Nachfolge erfuhr, was Liebe ist und Gehorsam lernte, der sein Leiden und Sterben vor Augen hatte, hernach der sichtbaren Begegnung mit dem Auferstandenen gewürdigt wurde und in alledem mit wachsender Klarheit die Herrlichkeit Jesu als des eingeborenen Sohnes vom Vater erkannte. Kein Wunder, daß dieser Jünger in der ersten Christenheit ein hohes Ansehen genoß und dem Bericht der Apostelgeschichte zufolge neben Petrus und dem Herrnbruder Jakobus zu den „Säulen" der Urkirche gerechnet wurde (vgl. Apg. 3, 1 ff.; 4, 13 ff.; 8, 14 f.; Gal. 2, 9).

Die Eigenart des Evangeliums

Vergleicht man das vierte Evangelium mit den andern drei Berichten über Jesus von Nazareth, so fällt zunächst auf, wieviel in Wegfall gekommen ist. Es fehlt die ganze Vorgeschichte Jesu, die Ankündigung seiner Geburt, die Weihnachtsgeschichte, die Taufe durch Johannes, die Versuchung in der Wüste. Auch die Bußpredigt des Täufers wird nicht geschildert; nur dessen Christuszeugnis ist dem Evangelisten wichtig (1, 6 ff.; 19 ff.). Es fehlen die Bergpredigt, die Aussendungsrede, die Rede über die letzten Dinge, nicht zuletzt sämtliche Gleichnisse mit ihren plastischen Figuren und Lebensvorgängen. Wir vermissen die zahlreichen Einzelsprüche Jesu, die sich mit den mannigfachen menschlichen Anliegen, Versuchungen und Aufgaben befassen: die Worte über das Sorgen und Richten, über reich und arm, rein und unrein, über Eltern und Kinder, Sünder und Gerechte, über Beten und Fasten, Zorn und Versöhnlichkeit, über die Stellung zu Geld und Besitz, zur Ehe und zum Staat und was dergleichen Lebensfragen sind, die wir aus dem Unterricht Jesu über den rechten Gehorsam gegen Gottes Willen nicht wegdenken können. Auch von den Macht- und Wundertaten Jesu gibt der

Evangelist nur eine bestimmte Auswahl, die nach thematischen Gesichtspunkten geordnet ist. Manches, wie zum Beispiel Verhaftung und Tod des Täufers, wird nur flüchtig gestreift (vgl. 3, 24) – ein Zeichen dafür, daß der Evangelist die Kenntnis der anderen Berichte bei seinen Lesern voraussetzt. An die Stelle der Vorgeschichte Jesu tritt der geheimnisvolle Prolog (1, 1–18), der das Evangelium eröffnet und die überweltliche, göttliche Herkunft des Offenbarers sowie das Wunder seiner Menschwerdung bezeugt (1, 14). Die fehlenden Gleichnisse werden durch Bildworte ersetzt, in denen sich Jesus als das „Brot" oder das „Licht" der Welt, als den guten „Hirten" oder den rechten „Weinstock", als den „Weg" oder die „Tür" bezeichnet. Alle Gebote und Jüngerregeln werden in das eine „neue Gebot": „Liebet einander, wie ich euch geliebt habe" (13, 34) zusammengefaßt. Die Heilandsmacht Jesu wird an einzelnen Menschen wie Nikodemus (3, 1 ff.) oder der Samariterin (4, 1 ff.) gezeigt, mit denen der Herr ein seelsorgerliches Gespräch führt, dessen Verlauf eine typische Bedeutung hat. An die Stelle der Redestücke, wie sie Matthäus (5–7; 10; 13; 23; 24/25) zusammenstellte, treten die sog. „Offenbarungsreden", in denen Jesus Christus seine Sendung bezeugt (5, 17 ff.; 6, 32 ff.; 7, 14 ff.; 8, 12 ff.; 10, 1 ff.). Was das Verhalten der Menschen zu der Person des Offenbarers betrifft, stellt uns der Evangelist einzig das Entweder-Oder von Glaube und Unglaube vor Augen. Am Beispiel der Judenschaft macht er deutlich, wie es zum Unglauben kommt, am Beispiel der Jünger, wie der Glaube entsteht. Der Bruch zwischen Israel und der Kirche wird als vollzogen vorausgesetzt. Der Evangelist spricht von den „Juden" als einer geschlossenen, christusfeindlichen Front. Ihre Feste sind „der Juden Feste", ihr Gesetz ist „der Juden Gesetz". Die verschiedene Haltung, welche die einzelnen Gruppen und Schichten des Volkes einnahmen, die Pharisäer und die Sadduzäer, die Zöllner und die Sünder, wird übergangen. Statt dessen erscheint die Judenschaft, die

Jesus von sich stößt, als Typus der „Welt", die sich gegen Gottes Licht verschließt.

Nicht als ob dem Evangelisten die irdische Geschichte dieses Offenbarers gleichgültig wäre. Zeit- und Ortsangaben werden eingestreut, wobei Johannes das Erdenwirken Jesu auf mehrere Jahre verteilt. Und doch treten, wenn wir von dem Passionsbericht absehen, der mit den Berichten der sog. Synoptiker (Matthäus, Markus, Lukas) noch am ehesten verwandt ist, die äußeren Begebenheiten und Einzelzüge stark zurück. Schon ein alter Kirchenvater, Clemens von Alexandria, hat dies bemerkt und gemeint, daß Johannes nicht die äußeren Dinge, vielmehr *„das Geistliche"* beschreiben wollte. Was ist darunter zu verstehen? Adolf Schlatter hat es wie folgt formuliert: „Johannes will uns Jesus zeigen in seiner uns Gott offenbarenden Herrlichkeit. Das Inwendige in Jesus will er uns öffnen und uns sichtbar machen, was wahrhaft sein Leben war, nicht das, was ihn nur von außen berührte, sondern wie er mit Gott verkehrte, mit Gott und aus Gott lebte, wie er Gottes Gnade und Wahrheit in sich trug, aus der auch wir die Gnade und Wahrheit empfangen." Aus dieser Absicht erklärt sich die Rückführung auf das *Wesentliche,* die Verdichtung der Ereignisse, der Geschichten und Gestalten. Es ist eine Vereinfachung, die zugleich eine wunderbare Vertiefung darstellt.

Dabei fällt auf, daß sich der Evangelist einer eigentümlichen *Denk- und Redeweise* bedient. Die Gedankenführung ist nicht streng logisch aufgebaut, wie etwa bei Paulus, für dessen Denkungsart die Folgerichtigkeit bezeichnend ist, sofern ihm nicht die Leidenschaft einen Strich durch die Rechnung macht. Johannes umkreist seinen Gegenstand in immer neuen Spiralen. Dadurch bekommen seine Aussagen etwas Schwebendes und Geheimnisvolles. Diese Art des Denkens ist uns zunächst ungewohnt und mag das Verstehen manchmal erschweren. Aber sie hat den Vorzug, daß sie den Leser nicht einfach belehrt, sondern in das Nachdenken miteinbezieht. Dazu kommt ein Zweites, das jedem Leser in die Augen springt: Johannes liebt die *Gegensätze.* Ohne Übergang, ohne jeden Versuch, die Schärfe des Gegensatzes zu mildern, stellt er die Gegensatzpaare einander gegenüber: Licht und Finsternis, Knechtschaft und Freiheit, Lüge und Wahrheit, Angst und Friede, Liebe und Haß, Zorn und Gnade, Fruchtbringen und Verdorren, Leben und Tod. Der Evangelist hat eine grundsätzliche Art zu denken, die jede Ausflucht in neutrales Niemandsland abschneidet. Glaube und Unglaube stoßen hart aufeinander. Wo Jesus hinkommt, vollzieht sich eine Scheidung der Geister (vgl. 9, 39). Wer an ihn glaubt, wählt das Leben; wer ihn verwirft, wählt den Tod.

Die Botschaft und ihr Ziel

„Herr, wohin sollen wir gehen? Du hast Worte des ewigen Lebens; und wir haben geglaubt und erkannt, daß du bist Christus, der Sohn des lebendigen Gottes" (6, 68 f.). Mit diesen Worten bekennt sich Simon Petrus nach dem Bericht des Evangelisten zu Jesus, als ihn der große Haufe verlassen hatte. Petrus spricht aus, was das gemeinsame Bekenntnis der Jünger und der durch ihr Zeugnis hernach gesammelten Gemeinde ist. Er sagt also genau das, was der Evangelist selbst glaubt und bezeugen will. Als ein *Glaubender,* nicht als ein unbeteiligter Berichterstatter, legt Johannes von der Herrlichkeit Jesu Zeugnis ab. Seine Darstellung ist nicht nur von der geschichtlichen Erinnerung gespeist. Man spürt dies besonders bei den großen „Offenbarungsreden" oder bei den sog. „Abschiedsreden Jesu" (Kap. 14—16), die in das Hohepriesterliche Gebet (Kap. 17) einmünden. Sie sind keine Nachschrift, kein Protokoll, das der Evangelist nach Jahren oder Jahrzehnten aus dem Gedächtnis niedergeschrieben hätte, wiewohl man bei der Frage nach den Quellen der neutestamentlichen Berichterstattung die Tatsache durchaus in Rechnung stellen darf, daß die Gedächtniskraft jener ersten Zeugen ungleich größer war als die unsere, die durch Sinneseindrücke und Druckerzeugnisse aller Art laufend strapaziert wird. Aber was Johannes in diesen großen Redestücken des Evangeliums gibt, stammt aus der Stille der Meditation, genauer gesagt, aus dem persönlichen Umgang mit dem lebendigen, erhöhten Christus (vgl. Offb. 1, 1 f. 10). Eine neue, wunderbar vertiefte *Wesensschau* der Person Jesu als des eingeborenen Sohnes vom Vater, voller Gnade und Wahrheit, ist ihm zuteil geworden – eine Wesensschau des Offenbarers, die aus dem Geist gezeugt und vom Heiligen Geist durchleuchtet ist (vgl. 16, 12). Das ganze Evangelium kreist um die eine Frage, wer Jesus ist, und es gibt die Antwort, die höher ist denn alle Vernunft: Er ist Gottes Sohn, das ewige Wort, eines Wesens mit dem Vater (10, 30).

„Im Anfang war *das Wort* und das Wort war bei Gott und Gott (d. h. göttlichen Wesens) war das Wort. Dasselbe war im Anfang bei Gott. Alle Dinge sind durch dasselbe gemacht, und ohne dasselbe ist nichts gemacht, was gemacht ist. In ihm war das Leben und das Leben war das Licht der Menschen. Und das Licht scheint in der Finsternis, und die Finsternis hat's nicht begriffen." So beginnt der Prolog, den Johannes mit thematischem Gewicht in der feierlichen Sprache der Liturgie dem Evangelium voranstellt (1, 1–18). Unendlich viel wurde an diesen Versen schon herumgerätselt. Deutlich ist der Rückgriff auf 1. Mose 1, 1: „Am Anfang schuf Gott Himmel und Erde" – ein Anfang, den wir freilich nicht datieren können, so gewiß Gott die Welt nach einem klugen Wort Augustins nicht in der Zeit, sondern mit der Zeit geschaffen hat. *„Logos"* lautet das Subjekt, das Luther mit „Wort" übersetzt, in der griechischen Sprache. Was ist damit gemeint? Es wird das beste sein, wenn wir uns an die Auslegung halten, die der Evangelist selbst zu diesem Begriff gegeben hat. Im Schlußvers des Prologs lesen wir: „Niemand hat Gott je gesehen. Der eingeborene Sohn, der in des Vaters Schoß ist (d. h. in engster, unmittelbarer Gemeinschaft mit Gott selbst), der hat ihn uns verkündigt" (1, 18). Der Logos (in der Ursprache männlichen Geschlechts!) ist der, durch den Gott spricht – nicht irgendein Wort, sondern sein vollgültiges, endgültiges Wort (vgl. Hebr. 1, 1 f.), durch den Gott der Welt sich offenbart. Wir würden also richtiger sagen: Im Anfang (schon) war *der Offenbarer.* Er ist nicht plötzlich in der Geschichte aufgetaucht wie ein Komet, und niemand weiß, woher er kam und wohin er geht. Er ist selbst göttlichen Wesens und hat an der Ewigkeit Gottes teil, die ohne Anfang und Ende ist. Ist dies Spekulation, oder steht hinter diesem kühnen Satz nicht die schlichte und wichtige Erkenntnis: Gott kann nur durch Gott geoffenbart, nur durch sich selbst erkannt werden? Gedanken, Wunschbilder, Hypothesen über das Geheimnis der Gottheit kann der Mensch gewiß aus sich selber produzieren; aber Offenbarung im echten Sinn geschieht nur dann, wenn kein Geringerer als Gott selbst sich enthüllt. Kein Geschöpf, kein Halbgott, nur Gott selbst ist imstande, solche Offenbarung zu vermitteln.

Wohl hat Gott auch seinen Knechten, den Propheten, sein Wort in den Mund gelegt. Aber hier ist mehr (vgl. Matthäus 12, 41): Die Propheten überbrachten ein Wort Gottes, Jesus Christus *ist* das Wort Gottes. In seiner Person, in seinem ganzen Wesen und Wirken ist er der Abglanz der Herrlichkeit Gottes, das Ebenbild des Vaters, der „Spiegel des väterlichen Herzens Gottes" (Luther).

„Und *das Wort ward Fleisch* und wohnte (zeltete) unter uns" (1, 14). In dieser Aussage erreicht der Prolog des Evangeliums seinen Höhepunkt. „Fleisch" – das meint nicht das Leibliche, das Materielle im Gegensatz zur geistigen Seite unseres Wesens. Fleisch ist in der Sprache der Bibel der Mensch als ganzer (vgl. Jes. 40, 6), wie er leibt und lebt, in der Ferne von Gott, mit der Sünde behaftet, vom Tode beschattet. In unser Menschsein hat sich der Offenbarer Gottes hineinbegeben. Gott, so will gesagt sein, hat es nicht ausgehalten, nur Gott zu sein; er wurde in seiner unbegreiflichen Gnade, was er nicht war: Mensch! Er hat uns an dem Ort aufgesucht, wo wir leben, sündigen, schuldig werden, wo wir leiden und ohne Unterschied des bitteren Todes sterben. Der „Logos" wurde *Mensch*, ohne darum doch aufzuhören, wahrer Gott zu sein. Dieses *„Zugleich"* bestimmt die ganze johanneische Christusverkündigung. In der menschlichen Gestalt Jesu von Nazareth leuchtet die Herrlichkeit des Sohnes Gottes, in der Herrlichkeit des Sohnes die des Vaters auf. Sie leuchtet auf in seiner Lehre, von der Jesus sagt, daß er nicht von sich selbst rede, sie vielmehr vom Vater empfangen habe (7, 16 f.). Sie leuchtet auf in den „Zeichen", von denen der Evangelist in sparsamer Auswahl berichtet, ganz auf die Botschaft der Zeichen achtend. Sie leuchtet vor allem auf in seinem Leidens- und Todesweg, den der Evangelist als eine „Erhöhung" (vgl. 3, 14 f.) bezeichnet und als eine Verherrlichung beider, des Sohnes und des Vaters, verstehen lehrt (12, 23; 17, 4 f.). Noch der Passionsbericht, der bei Johannes mit dem Siegesruf „Es ist vollbracht" seinen Höhepunkt erreicht (19, 30), muß der Absicht dienen, die göttliche Hoheit Jesu zu bezeugen. Gebunden, ein König in Fesseln, so steht er vor Pilatus, und dennoch ein König, dessen Majestät kein Lob erreicht! Sterbend bringt er sich als das „Lamm Gottes" (1, 29) zum Opfer dar[1], macht aus der Passion seine Aktion (vgl. 10, 17 f.) und verwandelt sein Sterben noch in einen Gottesdienst.

Von dieser Majestät des Offenbarers zeugen besonders jene *„Ich-bin-Worte"*, die wie eine leuchtende Kette das

[1] Bei Johannes findet die Kreuzigung Jesu schon am 14. (nicht am 15.) Nisan statt. Es ist der Tag, an dem das Passahlamm geschlachtet wurde (18, 28).

Evangelium durchziehen (6, 35; 8, 12; 10, 7; 10, 11; 11, 25; 14, 6). Um den *Offenbarungsanspruch*, der in diesem „Ich bin" steckt, zu würdigen, muß man bedenken, daß „Ich bin, der ich bin" ja im Alten Testament die Selbstbezeichnung Gottes ist (vgl. 2. Mose 3, 13 f.). Jesus greift diesen Gottesnamen, mit dem der Herr zugleich sein Geheimnis wahrte, auf und füllt ihn mit seiner Sohnesherrlichkeit. Er bringt nicht nur Licht in die Finsternis dieser Welt, er ist das Licht; er lehrt nicht nur die Wahrheit, er ist die Wahrheit; er verspricht nicht nur das Leben, er ist die Auferstehung und das Leben. Wer an ihn glaubt, der ist vom Tod zum Leben hindurchgedrungen (5, 24). Gegenüber diesem Anspruch gibt es nur Glaube oder Ärgernis (vgl. 5, 18); ein Drittes ist nicht möglich.

Jeder, der sich mit dem vierten Evangelium befaßt, wird das Feierliche, *Erhabene* dieser johanneischen Christusgestalt verspüren. „Während die Füße des Herrn noch den Staub der Erde berühren, ist er schon über alle Erdenschranken erhöht und geht mit seinem Haupt im Licht" (K. Hartenstein). Und doch wird die *wahre Menschheit* des Offenbarers nirgends verflüchtigt. Im Gegenteil! Mit besonderem Nachdruck hebt der Evangelist hervor, daß Jesus ins Fleisch gekommen ist, daß er in einem wirklichen Leibe, ganz Mensch wie wir, über die Erde ging. Dies mag damit zusammenhängen, daß in der Gnosis, der ersten großen Sekte, die der jungen Kirche Christi gefährlich wurde, die Meinung vertreten wurde, Jesus sei nur in einem „Scheinleib" auf Erden erschienen (vgl. 1. Joh. 4, 1 ff.). In Abwehr dieser Irrlehre — was hülfe uns ein Erlöser, der nicht ganz an unsere Stelle getreten wäre? — bezeugt Johannes, daß der Sohn Gottes in der Gestalt Jesu, des Sohnes Josephs (1, 45) als wirklicher Mensch bei uns lebte, für uns litt und starb. Wollten die Synoptiker (Matthäus, Markus, Lukas) zeigen, daß Jesus von Nazareth der Christus Israels, der Gottessohn, der Weltheiland ist, so bezeugt Johannes mit umgekehrter Blickrichtung, daß dieser Gottessohn in Jesus irdische Gestalt annahm. „In unser armes Fleisch und Blut verkleidet sich das ewig Gut" (Luther). Dieses Ereignis schuf unser Heil; denn hinter dieser Menschwerdung des Sohnes steht die auf die Rettung der Welt bedachte Liebe des Vaters: „Also hat Gott die Welt geliebt, daß er seinen eingeborenen Sohn hingab, auf daß alle, die an ihn glauben, nicht verloren werden, sondern das ewige Leben haben" (3, 16).

„Dicht, leibhaftig zum Greifen ist dieses Christusbild, zugleich aber in ein Geheimnis entsinkend, das niemand ausmißt. Überweltlich, ewig und zugleich ganz menschlich und erdenecht" (R. Guardini). Fragen wir, welche *Absicht* den Evangelisten geleitet hat, als er diese Christusschau niederschrieb, so gibt er am Ende des Buchs selbst die Antwort: „Noch viele andere Zeichen tat Jesus vor den Jüngern, die nicht geschrieben sind in diesem Buch. Diese aber sind geschrieben, daß ihr glaubet, Jesus sei der Christus, der Sohn Gottes, und daß ihr durch den Glauben an ihn das Leben habet in seinem Namen" (20, 30 f.). „Leben" meint das wahre, eigentliche, ewige Leben, von dem unser natürliches Leben nur ein Schatten ist. In Jesus Christus, dem Sohne Gottes, ist dieses Leben erschienen. Bei ihm ist es heute zu gewinnen (4, 23) – nicht erst hinter der Kirchhofsmauer, nicht erst am Jüngsten Tage, wenn die Toten auferstehen. Wohl fehlen auch bei Johannes die endzeitlichen Aussagen keineswegs (4, 21; 5, 28), aber mit besonderem Nachdruck betont er doch, daß das ganze Heil Gottes in Jesus Christus für jeden schon bereit liegt, der dieser Botschaft traut. *Heute* gilt es, in der Entscheidung des Glaubens das Leben zu wählen. Wer an Jesus, den Sohn Gottes glaubt, der springt über seinen eigenen Tod (vgl. 1. Joh. 5, 12). Dies – nichts weniger – wird uns in diesem „einigen zarten Hauptevangelion" bezeugt.

O daß du glauben könntest, du würdest die Herrlichkeit Gottes sehen (11, 40)!